LEUCEMIA,
A DOENÇA BRANCA
A morte como afirmação existencial

Maria de Fátima Siqueira de Madureira Marques

LEUCEMIA,
A DOENÇA BRANCA
A morte como afirmação existencial

Casa do Psicólogo®

© 2010 Casapsi Livraria e Editora Ltda.
É proibida a reprodução total ou parcial desta publicação, para qualquer finalidade, sem autorização por escrito dos editores.

1ª Edição
2010

Editores
Ingo Bernd Güntert e Juliana de Villemor A. Güntert

Assistente Editorial
Aparecida Ferraz da Silva

Capa
Fabio Alves Melo

Imagem de Capa
Cristina Della Rosa

Projeto Gráfico & Editoração Eletrônica
Sergio Gzeschenik

Produção Gráfica
Fabio Alves Melo

Preparação de Original e Revisão
Flavia Okumura Bortolon

Revisão Final
Lucas Torrisi Gomediano

Dados Internacionais de Catalogação na Publicação (CIP)
(Câmara Brasileira do Livro, SP, Brasil)

Marques, Maria de Fátima Siqueira de Madureira
 Leucemia, a doença branca : a morte como afirmação existencial / Maria de Fátima Siqueira de Madureira Marques. -- São Paulo : Casa do Psicólogo®, 2010.

Bibliografia.
ISBN 978-85-62553-00-4

1. Doenças - Aspectos psicológicos 2. Dor - Aspectos psicológicos 3. Herança de caracteres adquiridos 4. Medicina psicossomática 5. Morte - Aspectos psicológicos 6. Psicanálise 7. Psicologia clínica 8. Psicopatologia I. Título.

10-03298   CDD-150.195

Índices para catálogo sistemático:
1. Normopatia : Clínica psicanalítica : Psicologia 150.195

Impresso no Brasil
Printed in Brazil

Reservados todos os direitos de publicação em língua portuguesa à

Casapsi Livraria e Editora Ltda.
Rua Santo Antônio, 1010
Jardim México • CEP 13253-400
Itatiba/SP – Brasil
Tel. Fax: (11) 4524-6997
www.casadopsicologo.com.br

Para Ares

Minha gratidão à Cristina della Rosa, por tão generosamente ter-me doado a bela foto de capa deste livro. Cristina é inglesa e vive com seu marido, Steve Kocsis, em Juneau, Alaska, numa zona remota que só pode ser alcançada por barco ou por avião. Graças ao conhecimento que ambos têm da região, trabalham como guias para expedições científicas e ambientais na área onde vivem.

NAVEGAR É PRECISO

Navegadores antigos tinham uma frase gloriosa:
"Navegar é preciso; viver não é preciso[1]".
Quero para mim o espírito [d]esta frase, transformada
a forma para a casar com o que eu sou:
Viver não é necessário; o que é necessário é criar.
Não conto gozar a minha vida; nem em gozá-la penso.
Só quero torná-la grande,
ainda que para isso tenha de ser o meu corpo
e a (minha alma) a lenha desse fogo.
Só quero torná-la de toda a humanidade;
ainda que para isso tenha de a perder como minha.
Cada vez mais assim penso.
Cada vez mais ponho na essência anímica do meu sangue
o propósito impessoal de engrandecer a pátria e contribuir
para a evolução da humanidade.
É a forma que em mim tomou o misticismo da nossa Raça.

(Fernando Pessoa)

---

[1] *Navigare necesse; vivere non est necesse* — frase de Pompeu, general romano, 106-48 a.C., dita aos marinheiros, amedrontados, que se recusavam a viajar durante a guerra, cf. Plutarco, in *Vida de Pompeu*.

SUMÁRIO

Prefácio 13
Apresentação 19
Agradecimentos 21

I – Introdução 23
 1 – De onde fala? 25
 2 – Psicanálise e narrativa 30
 3 – A história de uma herança 38

II – A narrativa de uma vida – A vida de uma narrativa 41
 1 – Uma morte anunciada 51
 2 – Herança e adoecimento 72
 3 – O positivo do negativo 79
 4 – Herança e laços de sangue 86

III – Adoecimento: psicanálise e medicina 93
 1 – O silêncio da medicina 93
 2 – Psicanálise e medicina 109
 3 – O adoecimento de Ares 123
 4 – A herança de Ares: pedra fundamental ou tumular? 125

IV – O que a psicanálise tem a dizer 133
   1 – Normopatia e dor 157
   2 – Normopatia e pensamento operatório 162
   3 – Georg Groddeck e o simbólico do Isso 166

V – O trabalho do negativo 183
   1 – John Keats e a capacidade negativa 183
   2 – A coerência do negativo 191

VI – Considerações finais 203

VII – Referências Bibliográficas 209

PREFÁCIO

A psicanálise surgiu como terapêutica e como investigação. Ao longo de seu trabalho, Freud, à medida que ampliava suas concepções sobre as neuroses, reformulava sua teoria sobre o aparelho psíquico e sobre o modo de conduzir o processo psicanalítico. A transferência aparece como o pilar fundamental do trabalho analítico e do método de investigação em psicanálise. Seja qual for a posição teórica do analista, o trabalho analítico é feito na transferência ou com a transferência. Esse aspecto promoveu um reposicionamento da perspectiva epistemológica a partir da qual a investigação era realizada até então. Se nas pesquisas, de uma forma geral, têm imperado um modelo epistemológico em que o campo de trabalho organiza-se como uma relação **sujeito-objeto**, em que um sujeito aborda um mundo objetivado e externo, na investigação em psicanálise a perspectiva de trabalho passa a ser **sujeito-sujeito**, em que o discurso, o gesto, o símbolo, a relação (de acordo com as perspectivas teóricas das escolas de psicanálise) possibilita ou explicita o campo de trabalho com o inconsciente.

O lugar do analista, embasado pela sua análise e pelas suas concepções teóricas sobre a prática psicanalítica constitui uma ética da escuta, da espera, do "estar para" o discurso ou o gesto do analisando deflagrado pela situação analítica.

Temos por esses elementos uma modalidade específica de investigação diferente daquelas, frequentemente realizadas por outras áreas da psicologia, que utilizam a psicanálise como um recurso interpretativo sem a utilização da ética e da metodologia psicanalítica. Já há um bom número de trabalhos acadêmicos em psicanálise realizados nos diferentes graus de titulação (mestrado, doutorado, livre-docência) que nos possibilitam uma visão bastante ampla das modalidades de investigação nessa área de trabalho. Tradicionalmente, afirma-se que seriam três as possibilidades de investigação em psicanálise: teórica, clínica, aplicada (a psicanálise aplicada seria a modalidade de trabalho que transporta as elaborações psicanalíticas para fora da situação clínica, em direção a outras áreas de conhecimento). O trabalho de investigação tem se ampliado a fim de que se possa abordar o sofrimento em diferentes contextos clínicos, inclusive o institucional e também com o objetivo de ampliar as diferentes modalidades de adoecimento decorrentes dos problemas do mundo contemporâneo.

Considero essencial não perdermos, jamais, a reflexão crítica sobre a situação em que vivemos. O mundo contemporâneo caracteriza-se pela cultura do simulacro, pela luminosidade, sem sombras, decorrente da hegemonia da técnica, com prejuízos intensos para o *éthos* humano. Há modalidades de sofrimento, na atualidade, originários do esfacelamento do *éthos*, que questionam o analista em seu ofício: o desenraizamento, a humilhação, os *eu* simulacros, o espectral. Não é raro encontrarmos, em nossa clínica, analisandos que anseiam pela oportunidade de vir a sofrer genuinamente.

O ser humano, a fim de que possa acontecer e emergir como si mesmo, precisa iniciar seu processo de constituição a partir de uma posição, de um lugar. Esse lugar não é um lugar físico, é um lugar na subjetividade de um outro. Não é verdade que o fato de uma criança ter nascido garanta que ela tenha tido um início como um ser participante do mundo humano. É muito grande o número de pessoas que vivem no mundo sem pertencer a ele, que vivem nele sem que tenham tido início como um ser frente a um outro. Há necessidade, para o acontecer humano, que a criança seja recebida e encontrada por um outro humano, que lhe dê esse lugar, que lhe proporcione o início de si mesma. Não é possível se falar de alguém sem que se fale de um outro. Adentramos no mundo ao nascer e o deixamos para trás ao morrer. O mundo transcende a duração de nossa vida, tanto no passado como no futuro. Ele preexistia à nossa chegada e sobreviverá à nossa breve permanência. O nascimento e a morte de seres humanos não são ocorrências simples e naturais, mas se referem a um mundo ao qual vêm e do qual partem como indivíduos únicos, entidades singulares, impermutáveis. Sem dúvida, pode-se afirmar que é preciso entrar no mundo para que o indivíduo sinta-se vivo e existente, mas tem de ser de uma maneira singular. Não basta, para o acontecer do *self* do bebê, que o mundo esteja pronto com suas estéticas, com seus códigos, com seus mitos. A criança precisa, pelo gesto, transformar esse mundo em si mesma, é preciso que, inicialmente, seja ela mesma, para que ela possa apropriar-se dele e compartilhá-lo com outro.

A realidade compartilhada é construção de muitos, é campo em que existe a construção de todos. Com a evolução do *self*, na medida em que a pessoa caminha rumo ao campo social, há a necessidade de que ela o possa articular, ao mesmo tempo, a vida privada e a vida social, para encontrar, no campo social, inserções que preservem o seu estilo de ser e a sua história. É o momento da participação na sociedade por meio do trabalho, do discurso, da obra, da ação política, ou seja, da capacidade criativa acontecendo no mundo com os outros. Pela ação criativa no mundo, o homem colabora com a durabilidade do mundo e com o processo histórico da sociedade.

Nossa cultura manifesta-se, na atualidade, de uma maneira que já não mais reflete a medida humana. Recriar o mundo e o campo social torna-se mais complicado, pois, pela invasão da técnica como fator hegemônico da organização social, o ser humano só mais raramente encontra a medida do seu ser que permita o estabelecimento do objeto subjetivo a cada um dos níveis de realidade para a constituição e o devir de seu *self*.

Cada vida humana é um testemunho da demanda fundamental de que a sua singularidade e seu gesto criativo possam ser testemunhados e acolhidos pelo Outro. Em situações nas quais essa necessidade ética não pode acontecer, emerge o adoecimento. Não só no registro psíquico, mas também na corporeidade da pessoa, como um grito de dor que anseia a escuta compadecida. Nesse trabalho de Maria de Fátima testemunhamos a acolhida ética e amorosa da dor de Ares. O sofrimento desse homem torna-se gesto em seu adoecimento à espera daquele que lhe permita ter voz digna. Maria de Fátima, em comunidade de destino, deixa-se falar por Ares, de modo que a realização da dignidade de seu gesto possa ser conquistada.

Nessa perspectiva, Maria de Fátima nos brinda com um texto que apresenta uma investigação psicanalítica, abordando a importante questão da psicossomática, ao mesmo tempo em que nos mostra a importância de demandas éticas fundamentais para o ser humano. Perspectivas que nos auxiliam a refletir mais profundamente sobre a condição humana no mundo contemporâneo.

A autora realiza essas tarefas guardando, na apresentação de seu tema, um estilo justo à história de vida de uma pessoa: o literário. Isso só é possível pelo profundo carinho presente no modo como a autora percorre o seu caminho de pesquisadora em psicanálise no encontro com Ares.

Agradeço Maria de Fátima por ter me ofertado a oportunidade de acompanhar e testemunhar o seu percurso. Convido o leitor a caminhar conosco para participar dessa caminhada que, estou certo, lhe trará reflexões profundas não só para o seu conhecimento do modo como uma psicanalista aborda questões tão fundamentais na atualidade, mas, sobretudo, para testemunhar o encontro do anseio de dignidade de um homem acolhido pelo coração amoroso de uma mulher. Temos diante de nós Maria de Fátima e Ares: um encontro de amor!

Gilberto Safra

APRESENTAÇÃO

O presente trabalho é a elaboração de um questionamento sobre o sentido que o adoecimento e a morte podem ter na vida de alguém. Por considerar a doença e a morte como experiências marcantes e únicas para o ser humano, elaborei uma indagação sobre o significado destes eventos ao longo da narrativa de uma vida. Para isso, utilizei as ideias de alguns autores em psicanálise, como Sigmund Freud, Donald Winnicott, Georg Groddeck, Joyce McDougall, Cristopher Bollas e André Green.

AGRADECIMENTOS

Agradeço em primeiríssimo lugar a meus filhos, que com tanto amor me sustentam nas horas mais difíceis e com tanto amor me alegram nas horas iluminadas; à minha mãe e meus irmãos, fonte de seiva tão nutritiva;
À educadora Chloé Siqueira, por suas sugestões preciosas.
À psicóloga e educomunicadora Izabel de Madureira Marques, por sua inegável competência, por ter me acompanhado tão generosamente durante toda a elaboração deste trabalho. Por sua leitura cuidadosa, apoio indispensável, crítica e inteligência brilhantes.
A Gilberto Safra, por sua orientação atenta e criteriosa, pela coragem e pela amizade incondicional.
À Maria Cristina Rios Magalhães por sua dedicação e por sua grande capacidade de amar.
A meus quatro professores de inglês, John, Paul, George e Ringo — hoje e sempre —, por terem aberto para mim as portas da literatura inglesa.
A Ares, por ter existido. E por tão generosamente ter concedido a mim o privilégio de partilhar a sua dor.

I
INTRODUÇÃO

Conhecer-se a si próprio é um grande bem, talvez o mais elevado que o ser humano possa atingir.

(Georg Groddeck)

O presente trabalho é a indagação psicanalítica a respeito de um processo de adoecimento grave e do sentido que este adoecimento, e posterior morte, tiveram na vida de alguém. Como escreveu Groddeck, o adoecimento e a morte não são eventos separados da vida, mas são parte dela; e por partilhar desta visão com Groddeck, refletirei a respeito dos sentidos que estes eventos podem ter. Para esta reflexão, utilizarei as ideias de alguns psicanalistas, como Freud, Winnicott, Groddeck, McDougall, Bollas e Green.

Nesta pequena introdução, apresento o trajeto que percorri para realizar o objetivo ao qual me propus.

Inicio com um capítulo a respeito da importância da narrativa, principalmente da função essencial que esta ocupa na clínica psicanalítica. O narrar — por meio de palavras, sinais, símbolos, sintomas, música, gestos, desenho, artes em geral — constitui-se no meio de expressão por excelência do qual lança mão o inconsciente quando quer se manifestar.

Partindo do pressuposto de que a vida de cada um de nós é uma narrativa, se quisermos compreender algo, resgatar o sentido e refazer trajetos, a via régia que temos à nossa disposição é esta mesma narrativa. E como meu objetivo neste trabalho é compreender por que Ares adoeceu e qual o sentido que sua morte precoce teve para ele, nada melhor do que seguir a narrativa de sua vida.

Após a reflexão a respeito da narrativa e de sua importância — principalmente para a psicanálise —, apresentarei a narrativa de vida do sujeito deste trabalho, que estou chamando de Ares. Oportunamente justificarei a escolha deste nome.

Prossigo com um capítulo sobre a psicossomática psicanalítica e a normopatia. Ares adoeceu e morreu em decorrência de uma doença física, a leucemia e seu adoecimento e sua morte foram o objeto de uma tese de doutorado em psicanálise. Sendo assim, foi necessário que eu percorresse um trajeto específico, de forma a tornar claros alguns pressupostos clínicos e teóricos subjacentes a este trabalho, que são: segundo Groddeck, um dos autores adotados, nenhuma doença é apenas somática, ou apenas psíquica.

Este pressuposto permitiu-me iniciar uma reflexão a respeito da visão que a medicina e que a psicanálise têm do adoecimento, para que eu tivesse o arcabouço necessário para desenvolver o meu pressuposto.

Farei um breve relato do desenvolvimento das ideias na psicossomática psicanalítica nos anos mais recentes — principalmente em relação à normopatia, termo cunhado por Joyce McDougall —, e as possibilidades que estas ideias oferecem para uma maior compreensão de um caso como o de Ares.

Finalmente, apresentarei o conceito de negativo em Winnicott, a forma como o conceito aparece em sua obra e em sua clínica, assim como na obra de alguns outros autores, como André Green e do poeta romântico inglês, John Keats.

Ao longo de todo o trabalho levantarei pontos de reflexão sobre a vida de Ares, alinhavando com as ideias dos autores que nortearão esse trabalho.

Meu objetivo é ampliar e aprofundar uma reflexão, na tentativa de recuperar uma coerência que, paradoxalmente, adoecimento e morte têm: significado último do resgate mesmo de um sentido para eventos tão fundamentais e que muitas vezes ficam reduzidos apenas ao aspecto físico, sem integração com o todo do sujeito, tampouco com sua história de vida. É aí que a psicanálise pode fornecer elementos indispensáveis e essenciais à reflexão: por contar com uma visão mais ampla do que a medicina tradicional, que considera apenas o aspecto somático, a psicanálise possibilita a integração de todos os fenômenos em um único processo.

Ao enfocar o sentido do negativo — ou da "capacidade negativa", como o chamou John Keats — e ao reconhecê-lo ao longo da história de Ares, buscarei resgatar com ele o sentido também do positivo, reverso da moeda, ainda que este estivesse invisível todo o tempo. Por não ter conseguido se afirmar em vida, Ares afirmou-se na morte.

Um paradoxo é simplesmente um paradoxo. Não precisamos "resolvê-lo", mas, ao contrário, contemplá-lo como uma faceta inerente à vida. E, se aceitarmos sua constante alternância de complementaridades, quem sabe temos a chance de realmente ampliar e aprofundar nosso conhecimento e nossa compreensão do que seja o adoecer humano, e do que representa, para cada um de nós esta que é nossa única e inequívoca certeza: a morte.

1 - DE ONDE FALA?

> Tudo aquilo que o analista deixou de explorar em sua psicanálise pessoal está na origem da cegueira e da surdez em relação a seus futuros pacientes.
> (Joyce McDougall)

Ao elaborar estas ideias, e pensando em qual seria a melhor forma de apresentá-las, percebi que o questionamento existencial que inicialmente era de Ares, passou então a ser meu. E a partir disso, ao partilhar com ele sua dolorida indagação, tomei para mim mesma a busca: o que se iniciou como um processo de testemunha passou a ser minha própria reflexão. Isso me possibilitou a "autoridade" necessária para pesquisar e para pensar a respeito de um paradoxo do qual me apropriei.

A palavra autoridade vem do latim *Auctoritatem* — invenção, conselho, influência, comando — que por sua vez surgiu da palavra autor, *auctor* — pai, aquele que aumenta, o fundador. A autoridade, portanto, que compete a mim assumir aqui, é a de autora de uma indagação existencial que foi inicialmente testemunhada, mas que se tornou um questionamento próprio, autoridade que me possibilitou a liberdade e a confiança necessárias para tecer reflexões e arriscar opiniões e ideias próprias.

Uma narrativa pede sempre este tipo de rigor, por estar tão intimamente ligada à questão da "autoria": ela é sempre narrada por alguém. Até mesmo as famosas narrativas sem autor (os livros sagrados, os contos míticos e religiosos, as lendas e as histórias transmitidas oralmente pelos povos indígenas, aborígenes, nativos africanos etc.) ainda que não contem com uma autoria explícita — uma vez que surgiram como manifestação inconsciente de todo um povo e ao longo de um extenso período de tempo —, são sempre *renarradas* por alguém que, ao contá-las, as recriam, pois narrar é também recriar.

"De onde fala?" indagou Lacan uma vez, referindo-se ao sujeito do inconsciente. A mesma pergunta se mantém, sempre que se fala em narrativa.

Por esta razão, torna-se necessário esclarecer que neste trabalho quem fala sou eu, a autora tanto das ideias quanto do questionamento a respeito do adoecimento e da morte de Ares.

Ainda que no capítulo sobre sua história de vida eu tenha escolhido torná-lo seu próprio narrador, a voz que fala é a minha, ou, como diria Antonino Ferro, "*a nossa...*".

Em seu livro *A psicanálise como literatura e terapia*, Ferro (2000) escreveu:

> O termo "narração", quando utilizado em psicanálise, é bastante ambíguo, pois tem um halo semântico predefinido e ao mesmo tempo muito amplo. [...] O uso que faço do termo pode até, em diferentes momentos, ter áreas periféricas de sobreposição com estes usos específicos, mas eu o uso de modo completamente diferente: falo daquela maneira de o analista estar na sessão, quando ele participa com o paciente da "construção de um significado" de forma altamente dialógica, sem grandes cesuras interpretativas. Como se analista e paciente construíssem juntos uma *pièce* teatral, e no interior dela os enredos crescem, se articulam, se desenvolvem, às vezes de formas imprevisíveis e impensáveis para os dois conarradores, sem que exista entre eles um depositário forte de uma verdade pré-constituída. Nesta forma de proceder, a transformação conarrativa, ou mesmo a conarração transformativa, toma o lugar da interpretação. (p. 17-18)

Espera-se de um autor que ele sempre consulte a si mesmo a respeito *"de onde fala"* sua narrativa, principalmente em psicanálise, por estarmos diante da criação de sentidos, gesto individual por excelência, e por ser a narrativa a forma essencial de expressão inconsciente.

Ao escrever o seu caso Schreber, Freud (1980) fez uma introdução na qual apresentou o doutor em direito Daniel Paul Schreber (1903) e seu livro *Memórias de um doente de nervos*, que havia sido publicado anos antes. Graças à sua introdução, o leitor é capaz de localizar, ao mesmo tempo, a raiz narrativa de Freud e a do próprio Schreber, que já havia escrito sobre si mesmo e sobre sua doença em seu próprio livro. Assim, temos a possibilidade de ver *a transformação conarrativa* a que se refere Antonino Ferro, no desenrolar do caso elaborado por Freud. Ainda que

Schreber não estivesse em análise com Freud, há ali dois veios narrativos que se mesclam, se contrapõem e se complementam: o livro de Schreber e o texto de Freud.

Ainda a respeito da conarrativa, Ferro (2000) acrescenta:

Há uma célebre anedota hebraica onde um menino pobre, com grande sacrifício dos pais, é enviado à escola. Após alguns dias na escola, ele diz taxativamente que não quer mais frequentá-la. Ao pai atônito com o porquê desta decisão, ele responde: "porque na escola me ensinam coisas que eu não sei".

Creio que seja este o nível do problema, que não somente pode ser evitado recorrendo a uma conarração, mas que deve ser evitado, já que em análise não existe um detentor de verdades preestabelecidas sobre o paciente [...] mas sim um significado que pode desenvolver-se somente com o com-senso [...] (p. 18)

Ao tomar para mim a busca de sentido que inicialmente era de Ares, pus-me diante de outra questão: como apresentá-la aqui?

Escolhi narrar a história de Ares na primeira pessoa, como se ele próprio estivesse nos contando, não só como um recurso facilitador para a narrativa — evitando o discurso indireto — mas também como uma forma de incluí-lo nesta jornada que na verdade é "nossa": minha e dele.

Vale ressaltar, porém, que a narradora é uma só e a mesma pessoa durante todo o texto: eu mesma.

Tive o privilégio de estudar em duas faculdades: medicina veterinária e psicologia, experiência que me possibilitou a um só tempo uma sofrida tentativa de superação das diferenças e uma perspectiva destacada, a "visão de sobrevoo" recomendada por Lévi-Strauss (1989) aos antropólogos (aconselhando a eles evitar um viés deturpante no contato com as diversas culturas).

Longe de terem sido apenas vias "acadêmicas" para traçar o meu percurso, estudar medicina e psicologia significou para mim

Introdução

a tentativa de superação de diferenças muitas vezes inconciliáveis, proporcionando-me uma perspectiva absolutamente nova, em que ambas as visões puderam se complementar e seguir em paralelo. Percorri, assim, uma estrada de via dupla, com um pé na medicina e um pé na psicanálise. Somadas aos muitos anos de psicanálise pessoal, minha formação contou com uma combinação "feliz" de experiências muito específicas, que exigiram de mim sofrimento, rigor e muita cautela, uma vez que caminhava por estradas aparentadas, como são a medicina e a psicanálise mas, ao mesmo tempo, absolutamente distintas e únicas.

Ambas "clinicam"; em ambas devemos nos "inclinar" sobre o paciente que sofre, na tentativa de conhecer, tratar e cuidar de um ser humano.

Graças a isso, pude muitas vezes viver a sensação de alguém que visita uma casa (o ser humano) e que conta com muitas portas de entrada diferentes, ainda que a casa seja sempre a mesma. Este percurso constituiu minha experiência pessoal e moldou minha narrativa, evidentemente.

E se pudermos pensar na medicina e na psicanálise como discursos distintos, podemos dizer que a medicina descreve e a psicanálise narra. Sendo esse descrever e esse narrar uma experiência sempre partilhada, pude viver esse "partilhar" em duas clínicas distintas: a história descrita pela medicina e a história narrada pela psicanálise.

Ferro (2000), ao escrever sobre a narrativa, leva-nos a concluir que o prazer na construção de uma narrativa em psicanálise é sempre partilhado: ao conarrar, cocriamos, coexpressamos e cointerpretamos. Ao tornar Ares narrador, pude assisti-lo "contar sua história", com a possibilidade de ter uma voz e de expressar, em sentidos, o que sempre ficou preso nas entrelinhas de um texto barrado, que foi sua vida.

Ressaltar a importância da autoria aqui não é expressão de autoengrandecimento, mas, ao contrário, é expressão da total

29

responsabilidade assumida por mim em relação às ideias, opiniões e reflexões expressas aqui: estou falando por Ares, com Ares e de Ares, mas quem fala, todo o tempo, sou eu.

2 - PSICANÁLISE E NARRATIVA

> A vida em si é o mais maravilhoso conto de fadas.
> (Hans Christian Andersen)

A clínica em psicanálise tem uma importância fundamental, pois foi a partir dela que o método psicanalítico surgiu e também a partir dela que toda a literatura psicanalítica foi, e ainda é, pensada e escrita.

E qual é o ponto de partida da clínica? A resposta é simples e óbvia: da história de vida.

Muriel Rukeyser, poeta norte-americana, que viveu de 1913 a 1980, expressou essa ideia de forma delicadamente poética dizendo que "o universo não é feito de átomos, mas de histórias".

Se pensarmos na ciência moderna e na arte como uma história, no trajeto feito pelo pensamento do homem através dos tempos como uma história, em todas as teorias que já foram formuladas e todas as ideias que já foram elaboradas como uma história, vemos que Rukeyser tem razão. Tudo é história, até mesmo o conceito de átomo. O que equivale a dizer que tudo é narrativa, ao mesmo tempo consciente e inconsciente. Desde o início da civilização humana, o que vemos acontecer é um processo, uma narrativa.

Essa é uma ideia fundamental a conservarmos durante todo o nosso percurso.

E o que é narrar? É basicamente contar uma história. Em sua *Arte poética*, Aristóteles (2004) dividiu os modos de escrita literária entre o épico, o lírico e o dramático. Com o passar do tempo e com o aparecimento e a popularização do romance enquanto gênero derivado do épico, essa tríade mudou para os modos narrativo, lírico e dramático. Além da descrição e da dissertação, a narrativa, é também uma forma de se redigir um texto.Para contarmos uma história utilizamos como recursos personagens, cenários, conflitos, cenas, pequenos desfechos, um *grand finale*. A narrativa literária geralmente se apresenta em forma de prosa, mas pode se apresentar também em forma de verso. O estudo da narrativa e de seus elementos é chamado de narratologia e é comumente associada ao estruturalismo.

No século XX, a partir do estruturalismo, surge uma espécie de teoria semiótica da narrativa — ou narratologia — que se propõe estudar a narrativa em geral, seja ela romance, conto, filme, espetáculo, mito, música, vídeo.

Encabeçados por Roland Barthes (1976), esses estudos pretendiam encontrar uma "gramática" da narrativa. Barthes afirma que "a narrativa está presente em todos os tempos, em todos os lugares, em todas as sociedades, começa com a própria humanidade [...], é fruto do gênio do narrador e possui em comum com outras narrativas uma estrutura acessível à análise". Rukeiser e Barthes definem a narrativa de forma muito semelhante e ambos lhe conferem dois atributos principais: universalidade e atemporalidade.

A "gramática" da narrativa inclui alguns elementos constantes, que são: ação, sequência, tempo, personagens, espaço ou ambiente, narrador, sucessão e integração.

Roland Barthes retoma a importância que os clássicos dão à ação e escreve: "não existe uma só narrativa no mundo sem personagens", personagens estes que podem ser pessoas ou animais, uma cidade, um livro, um brinquedo, qualquer elemento que esteja num espaço e que esteja praticando uma ação, ainda que involuntária.

O narrador também pode ter diferentes funções. Quanto à participação, ele pode participar como personagem principal, como personagem secundária, ou pode não participar da cena, desenvolvendo a narrativa como mero expectador.

Quanto à focalização, a perspectiva adotada pelo narrador em relação ao universo narrado pode ser onisciente, colocada numa posição de transcendência, na qual ele mostra conhecer toda a história, manipular o tempo e devassar o interior das personagens.

Ou pode ter uma focalização interna, na qual adota o ponto de vista de uma ou mais personagens, resultando numa diminuição de conhecimento, mas numa maior possibilidade de flexibilidade para cada um dos elementos (personagens), que passam a narrar a história de forma complementar.

O narrador pode ainda ter uma focalização externa, limitando-se a narrar o que é observável do exterior.

Toda narrativa consiste em um discurso que integra uma sucessão de acontecimentos de interesse humano na unidade de uma mesma ação. Onde não há integração na unidade de uma ação, não há narrativa, mas apenas cronologia, sucessão de fatos não relacionados.

Em sua monografia de pós-doutorado intitulada *O método terapêutico de Scheerazade — Mil e uma histórias de loucura, desejo e cura*, Purificacion Barcia Gomes (2000) debruça-se sobre o narrar em psicanálise. Ao fazê-lo, considera as diversas formas de narrativa e contempla, entre todas elas, especificamente a narrativa psicanalítica, refletindo sobre a forma como a psicanálise narra a si mesma, seu trabalho clínico e sua teoria: "A natureza metapsicológica visa a dar conta de estados de mente extremamente complicados, nos quais processos primários e secundários estão imiscuídos, como no caso das neuroses e das psicoses" (p. 88).

De forma também poética, como fez Muriel Rukeiser, Purificacion Barcia Gomes (2000) coloca a função do analista e a de Scheerazade como análogas, e passíveis dos mesmos riscos.

Gomes continua:

Profissão perigosa, a do narrador de histórias! Scheerazade convive o tempo todo com a ameaça concreta de morte por decapitação, e com outra, talvez igualmente cruel: ser esquecida e prontamente substituída por uma nova mulher, no leito do sultão [...]. Seria exagero dizer que o analista tem de aceitar correr riscos semelhantes, se quiser ser ouvido por seu paciente? Riscos reais de perda da vida, embora raros, não podem ser excluídos. Mas, talvez, algo infinitamente mais importante para o ser humano do que a vida biológica — a integridade do *ego*, a autoestima —, coisas pelas quais muitos têm morrido e matado, sejam por excelência a visada do trabalho analítico. Essa é a morte que o sultão verdadeiramente teme. Esses são os riscos que nos impõem, amiúde, nossos pacientes. Se no afã de salvá-los da dor, do sofrimento, o analista inadvertidamente tocar, de forma afoita ou insensível, em pontos que ameaçam desencadear a vivência de falência da alma, ele será simbolicamente assassinado. Melhor matar do que morrer. A Scheerazade de *As mil e uma noites* não cometeu esses erros [...] (2000, p. 17-18)

Purificacion faz uma analogia entre a função do analista e a de Scheerazade, colocando o primeiro na função de narrador.

Há, porém, um outro lugar em uma análise a partir de onde pode falar o narrador: é o lugar do paciente — ou o lugar do inconsciente — que, ao narrar sua própria história, a recria. Com seu discurso que, como nos faz ver Winnicott, é um discurso que não se limita a palavras mas a gestos, dá expressão ao Isso, que é o "verdadeiro" narrador de toda e qualquer história, desde que o mundo é mundo.

Assim, narrar, em especial em psicanálise (mas também nas artes), diz respeito à possibilidade de dar voz a conteúdos que até então estavam mudos, ou que não podiam e não sabiam ser ditos. Possibilitar a narrativa, nesse sentido, pode significar "salvar" o narrador, da mesma forma que Adélia Prado (2001) escreveu: "A poesia me salvará". E salvar de quê? Salvar da falta de sentido, da angústia sem nome, da escuridão inominável, da impossibilidade do gesto espontâneo. Por esta razão este trabalho será iniciado com a narrativa do próprio sujeito desta pesquisa, que ao modo de Scheerazade nos contará a sua história para que possamos recuperar os sentidos emudecidos, ou que permaneceram escondidos num "negativo" — que aparentavam inexistência —, mas que estavam ali presentes todo o tempo, gritando aos ouvidos de um bom ouvinte.

Como se fizesse uma alusão à escuta criativa e promovedora de sentidos — uma verdadeira "parteira" do sentido subliminar ao gesto do narrador (expressão do originário em cada um de nós, linguagem do Inconsciente) — Jesus Cristo, em suas pregações retratadas no Novo Testamento, após narrar uma de suas parábolas dizia: "quem tem ouvidos que ouça".

O Isso fala, como escreveu Groddeck (e antes dele, o próprio Freud), grita, dança, atua, urde e se faz presente de muitas e inúmeras formas. *Quem tem ouvidos, que ouça...*

A ligação essencial da teoria com a clínica e com a narrativa de vida é fundamental, pois a teoria, principalmente em psicanálise, nunca deve vir em primeiro lugar, nem deve ser usada para justificar ideias preconcebidas ou antecipadamente formuladas. Isto seria a traição da clínica, ou, como Simone Weil (1978) uma vez escreveu, uma forma de transformar o conhecimento genuíno — e sua busca legítima — num artifício de manipulação da realidade, uma arma de poder.

Um pensador do século XX, expoente da cultura de língua alemã, filósofo e crítico literário de reconhecida competência, escreveu sobre a narrativa na década de 1930: Walter Benjamin.

Nascido em Berlim em 1892, ficou muitos anos exilado em Paris, fugindo do nazismo que assolava a Alemanha.

Vindo de uma família judia relativamente rica, participou ativamente do socialismo durante a adolescência, contribuindo com textos para as revistas do movimento. Uma afinidade com a vida comunitária defendida pelo comunismo iria aparecer, mais tarde, nos textos e artigos que escreveu sobre a narrativa.

Para Benjamin (1985), a narrativa tem origens remotas e corresponde a um tipo de experiência que só acontece muito raramente no mundo atual. Sua perspectiva é a de que o nascimento do romance moderno, enquanto gênero literário, coincidiu com o declínio da narrativa, independentemente da postura adotada pelos escritores e romancistas.

Segundo Benjamin (1985), o romance se desenvolve a partir de uma situação na qual indivíduos isolados vivem em condições muito precárias de partilhamento de valores comunitários. A origem do romance, assim, está relacionada ao indivíduo que não pode mais falar sobre sua experiência, suas preocupações mais importantes e nem receber e dar conselhos. A narrativa, no entanto, que tem seu primeiro e fundamental modelo no conto de fadas, é algo muito diverso desta condição solitária: constitui a expressão de um "trabalho artesanal", que se realiza sobre a matéria-prima da experiência.

No ensaio "O narrador", Walter Benjamin (1985) faz um "diagnóstico" da perda da experiência e da arte de contar, que com o advento da era moderna industrializada tornou cada vez mais rara a transmissão de uma experiência no sentido pleno. Em sua própria história de vida, Benjamin mostrou muito claramente sua implicação com a vivência comunitária, sua afinidade com o socialismo e com o comunismo.

Os primeiros narradores eram os marinheiros, que viajavam e depois contavam o que tinham vivido em suas aventuras, e os camponeses, que traduziam em histórias a sabedoria prática que adquiriam com o passar do tempo.

Com os artesãos, o poder de contar mobilizava o contador de histórias integralmente. "[...] na verdadeira narração, a mão intervém decisivamente, com seus gestos, aprendidos na experiência do trabalho, que sustentam de cem maneiras o fluxo do que é dito" (Benjamin, 1985) — vale lembrar a imagem quase clássica na memória de todos nós, da avó sentada na cadeira de balanço, fazendo tricô e "tecendo" histórias aos netos.

Na narrativa e em sua propagação, há uma sabedoria peculiar, que não tem meios de se expressar adequadamente no romance.

Mnemosine, deusa grega da reminiscência, era a mãe das artes, e tornava-se diferente na narrativa e no romance. Na narrativa, ela era a memória, no romance, a rememoração.

Para Benjamin, a rememoração dedica-se a buscar o que a memória costumava encontrar, ideia que expressa o que para ele representou o declínio da narrativa e a ascensão do romance na sociedade classista.

Em psicanálise, a narrativa é chão, solo firme por onde caminhar por terrenos nebulosos. Os sonhos são narrativa, assim como as lembranças, os relatos, as imagens, os processos, os gestos. A concepção que a psicanálise tem da subjetividade está intimamente ligada à narrativa.

Como afirma Gilberto Safra, "o objeto chama o método, o método define o objeto". Essa relação intrincada faz da narrativa tanto método como objeto ao longo de toda a história do conhecimento e se mostra muito evidente na psicanálise.

Dado o parentesco fundamental da psicanálise e da estruturação do inconsciente propostos por Freud com a mitologia grega e com a interpretação mítica dos sonhos na era grega clássica, estamos diante do papel fundamental da narrativa em psicanálise.

O que a narrativa psicanalítica tem de peculiar é uma preocupação e um cuidado com essa presença sempre constante de um terceiro elemento que nos escapa e que não se deixa aprisionar no cartesianismo do duplo plano narrador/leitor, ou das palavras racionalmente ordenadas.

Gilberto Safra (2006) escreveu:

> O conto não só acolhe, possibilita o perdão e enraíza, mas também traz o desconforto decorrente do inédito, o que implica certa desconstrução de si. O narrar tem um pé na tradição e outro na abertura para o futuro e para o inédito. Esse aspecto é importante, pois explicita de que tipo de narrativa se está falando. O narrar, nesse vértice, nada tem a ver com a modalidade de narrativa utilizada na atualidade, que é veículo para a transmissão de ideologias. A narrativa, como transmissão de ideologia, não busca nenhuma abertura: procura simplesmente a perpetuação do Mesmo, ou seja, a opressão do que é singular e diferente. [...] Os narradores sempre foram considerados perigosos pelos poderosos porque quem narra sempre põe em questão a ideologia. Na narrativa aloja-se a crítica ao estabelecido. (p. 32-33)

Há, no entre jogo da narrativa e da leitura psicanalítica, um cuidado com a escuta dessa outra dimensão que Freud chamou de Inconsciente e que Groddeck preferiu chamar de Isso, o terceiro elemento do Inconsciente, velado por vezes, declarado em outras, mas sempre presente ali quando uma narrativa se faz. *Quem tem ouvidos, que ouça...*

O que temos, portanto, como objeto do nosso olhar no presente trabalho é uma história de vida e sua narrativa; será a partir dela que teceremos algumas considerações psicanalíticas, reportando-nos às ideias de alguns autores indispensáveis: Freud, Winnicott, Groddeck e McDougall.

Como se trata da história de vida de um homem jovem, que adoeceu de leucemia e morreu no auge da idade madura, antes de poder envelhecer, tentaremos buscar o sentido de seu adoecimento e de sua morte no processo que foi sua história de vida.

Não é de nosso interesse, porém, nos dedicarmos à busca das "causas" de seu adoecimento — quem se ocupa das "causas e efeitos" é a medicina (e voltaremos a este ponto posteriormente) —, mas sim de aprofundarmos a compreensão do sentido que seu adoecimento e sua morte tiveram no drama que foi sua história de vida.

3 - A HISTÓRIA DE UMA HERANÇA

Para começarmos a narrar uma história de vida é necessário, antes de tudo, considerarmos o nome da pessoa que será o objeto de nossa pesquisa. Em textos psicanalíticos, com o intuito de proteger sua privacidade, costumamos escolher um outro nome para identificá-la ou, muitas vezes, apenas uma inicial.

Na tentativa de conservar ao menos parte das associações que poderiam ser suscitadas com o nome da pessoa-tema desta pesquisa, escolhemos um substituto que também está ligado à raiz romana da palavra "Marte", deus da guerra. A importância da raiva (e das defesas) no trajeto de vida e no processo de adoecimento da pessoa em questão leva-nos a isso.

Muitos nomes masculinos na sociedade ocidental têm sua origem na palavra "Marte": Márcio, Marcos, Marcelo, Maurício, Marcel, razão pela qual escolhemos chamá-lo de "Ares" no presente trabalho, que é o correspondente grego da versão latina "Marte", já que seu nome era um daqueles.

Tendo-o renomeado com um nome paralelo ao seu verdadeiro, sentimos a necessidade ainda de justificar a utilização de outro recurso literário escolhido em nossa narrativa: o de tornar o próprio Ares o principal narrador.

Por tratar-se de pessoa de nosso meio e, portanto, alguém que partilhou ambientes sociais e culturais muito próximos a alguns envolvidos no processo acadêmico de realização desta tese, decidimos desdobrar a narrativa em duas vozes, em dois narradores: um que introduz o tema e que faz considerações psicanalíticas a respeito de sua história de vida e o outro que é o próprio Ares. Conforme citamos anteriormente em Barthes e em Purificacion Gomes, tentamos com isso aumentar a flexibilidade da narrativa, ampliando as possibilidades do campo narrativo e, ao mesmo, tempo proteger o sujeito da pesquisa, tomando-o como primeira pessoa e único narrador de sua própria novela pessoal. Escutemos, portanto, a história de sua vida. Com a palavra, nosso "personagem principal", Ares:

II
A NARRATIVA DE UMA VIDA – A VIDA DE UMA NARRATIVA

> Por delicadeza, perdi minha vida.
>
> (Arthur Rimbaud, 1994)

Nasci numa família de ricos fazendeiros de um Estado do sertão brasileiro. Desde que nasci, minha herança sempre teve uma importância muito grande em minha vida e na de minha família, herança esta representada não só por bens materiais, como por uma forte (e pesada) tradição familiar, estritas regras sociais e um sentido muito definido de escolhas pessoais, até mesmo profissionais.

A família de minha mãe tem origem árabe: meu bisavô materno deixou o Líbano ainda jovem, por volta dos vinte anos de idade, por razões que minha família nunca soube. Conhecíamos pouco a respeito desse bisavô: sabíamos que era muçulmano e que havia chegado ao Brasil sozinho, na região da capital de meu Estado, indo procurar imediatamente a colônia libanesa, em busca de ajuda para sua adaptação à nova terra. Não foi bem recebido e não encontrou acolhida alguma entre seus patrícios.

Sentindo-se desenraizado cultural e socialmente e segregado pela própria colônia, ficou com raiva e jurou que jamais permitiria que algum de seus descendentes se casasse com alguém da colônia libanesa. Foi o que aconteceu: no futuro, todos os seus descendentes se casaram com brasileiros.

Pouco tempo depois de chegar ao Brasil, meu bisavô casou-se com minha bisavó, uma jovem do interior, e foram morar numa fazenda próxima a dos pais dela.

Minha mãe costumava contar que o avô dela era um árabe irascível, estranho, sempre irritado, de temperamento imprevisível e comportamento violento. Ela costumava passar as férias na fazenda deste avô durante a infância e, quando estava lá, era comum ter de fugir correndo porque o avô a perseguia — e os outros netos — com um pau na mão, vociferando impropérios em libanês: "*raspa tacho, quebra tacho*", como dizia ela, brincando com o som do árabe que ouvia então.

Minha bisavó era uma mulher muito calada, submissa e igualmente estranha, que ficava pelos cantos da casa, quem sabe amedrontada diante da imprevisibilidade do marido e de seus descontroles violentos. Quando envelheceu, costumava andar pelo terreiro da fazenda falando sozinha, tentando catar galinhas, às vezes invisíveis.

Os motivos da raiva de meu bisavô tinham invariavelmente conotação de repressão sexual: a neta pré-adolescente que cruzava as pernas enquanto conversava com as primas, a neta menor que penteava o cabelo diante de um espelho, a neta mocinha que passava batom. Atitudes banais como estas o levavam a reações violentas e súbitas. E embora minha mãe descrevesse como "absurdos" os motivos da violência de seu avô, descrevia-os sempre ligados à repressão sexual.

O casal teve duas filhas e um filho. Uma delas era minha avó materna.

Filha mais velha de um casamento rústico e com sérios problemas de socialização, vovó nasceu numa fazenda "enfiada no meio do buraco", como ela costumava descrever a nós, os netos, na velhice, o lugar de onde viera. Filha de pai muçulmano e de mãe matuta, sem acesso ao mundo civilizado nem aos "luxos" de um centro urbano, sempre havia sonhado em sair da fazenda e estudar na "cidade grande", longe do buraco ermo e enrustido onde havia nascido. Tinha devaneios povoados de festas em países distantes, lugares luxuosos, ambientes refinados, livros. Sonhava em poder estudar, coisa proibida pelo pai muçulmano.

Com o tempo, o que meu bisavô costumava manifestar como repressão violenta aos netos, foi se tornando comportamento constante de demência senil, danos emocionais sérios decorrentes de sua origem muçulmana e do desenraizamento cultural e social pelos quais havia passado na juventude.

Quando mocinha, um belo dia minha avó estava na janela observando a paisagem rural, quando viu passar por ali uma boiada, tocada por alguns homens. Um deles, o mais bonitinho e simpático, pediu-lhe um copo d'água. Ela o serviu, olhos baixos de recato feminino. Alguns dias depois, quando a boiada voltou com seus vaqueiros, a mocinha foi pedida em casamento, por aquele mesmo rapaz, ao pai muçulmano.

Isto representou um grande alívio para todos: para a família dela significava uma boca a menos para comer, para a mocinha significava a libertação daquele "buraco ermo" onde havia nascido, a possibilidade de ganhar mundo e conhecer todas as coisas com as quais havia sonhado.

O jovem vaqueiro era aventureiro e cheio de ambição: começou a vida no sertão, mas acabou bem longe dali e em situação totalmente distinta.

Em pouco tempo mostrou ser um homem de negócios muito esperto, que iniciou "carreira" vendendo porcos em um carrinho de mão e que poucos anos depois era um poderoso milionário: algum tempo depois de casado ostentava três fazendas, muitas cabeças de gado e um frigorífico, o mais importante da região. Meu avô tinha uma ambição desenfreada de ganhar dinheiro e um cuidado obstinado na escolha e contratação de quem trabalhava para ele. Cuidava de tudo sozinho e contava, ele próprio, cada centavo que ganhava. Como minha avó, ele havia

43

crescido no sertão e tinha a mesma sede de estudos e a mesma curiosidade pela "vida civilizada". Tiveram quatro filhas e um único filho, o caçula. Minha mãe era a segunda filha deles.

Costumavam bater violentamente nos filhos, com varas, cintas, chinelos, ou com o que tivessem à mão, "educando-os" da mesma forma como haviam sido "educados". Minha mãe conta que uma tarde, depois de uma surra violenta que o pai lhe havia dado, minha avó teve de lhe dar banho de salmoura na banheira, para aliviar os hematomas. Na minha família, as surras sempre foram rotineiras e naturais na criação dos filhos, conduta bem aceita e até esperada, vista com naturalidade.

Quando minha mãe tinha oito anos, meu avô (seu pai) já era proprietário de uma extensão de terras tão grande, que podia ser descrita em um mapa de nosso Estado. Foi quando ele ficou doente: depois de muitos exames e consultas em todos os médicos da região, recebeu o diagnóstico de tuberculose.

Como na época não existia antibiótico, tuberculose muitas vezes significava sentença de morte. O tratamento possível prescrito pelo médico de minha família foi: ar da montanha, alimentação reforçada e isolamento.

Os filhos de ambos eram pequenos, mas a família ampliada, grande. Então, meus avós não tiveram dúvida: distribuíram os cinco filhos entre as casas dos familiares e foram para uma pousada de recuperação nas montanhas. Permaneceram lá por dois anos.

Um esfacelamento familiar tão abrupto teve consequências nefastas para os cinco filhos, que já não contavam com grande coisa em termos de estrutura familiar, emocionalmente falando: minha avó, uma mulher com um histórico de desenraizamento cultural severo (o pai muçulmano e a mãe demente), meu avô, um homem obstinado pela ambição e pelo acúmulo desenfreado de dinheiro, severíssimo na criação dos filhos, com surras frequentes. Cada filho foi viver em uma casa (com a família de algum parente) e adaptou-se aos hábitos de onde estava. Alguns interromperam os estudos, outros continuaram a estudar na nova cidade onde haviam ido morar.

Dois anos depois de iniciado o tratamento contra a tuberculose, meus avós reapareceram, recolheram os filhos que haviam espalhado entre os parentes e voltaram para casa.

Quando a família reiniciava uma vida juntos, minha tia mais velha (a primeira filha de meus avós, então com 16 anos de idade), começou a manifestar conduta estranha e incompreensível: acordava no meio da noite querendo presentear o namoradinho com algo que havia feito para ele na noite anterior; tentava calçar os sapatos da priminha dela (que na época tinha quatro anos de idade), se trancava no banheiro o dia inteiro, passava noites e noites sem dormir andando pela casa e falando sozinha. Não comia, não dormia, tinha comportamento agressivo, falava coisas sem sentido, gritava sem razão, batia a cabeça na parede, socava quem se sentasse ao lado dela na mesa, sem nenhuma razão aparente.

Uma série interminável de consultas aos médicos da região, até que receberem o diagnóstico do médico da capital: esquizofrenia.

Foi internada num hospital psiquiátrico da cidade grande aos 17 anos e nunca mais saiu dali. Recebia medicação, eletrochoques, quebrou-se algumas vezes ao atirar-se contra as paredes, entrou em processo catatônico outras, pelos maus-tratos recebidos.

Minha avó continuou visitando-a durante toda a vida, levando doces feitos na fazenda e contribuindo com vultosas somas em dinheiro para a manutenção do hospital. Com o passar dos anos, minha avó se transformou numa "benemérita", contribuindo financeiramente para o hospital em troca de tratamento diferenciado à minha tia, a filha doente.

Depois de curado da tuberculose, meu avô surgiu com uma máxima familiar que seria seguida à risca por todas as filhas: como eram três moças (pois a mais velha estava internada por esquizofrenia), cada uma deveria se casar com um homem de uma profissão diferente: uma com um médico, a outra com um advogado, a outra com um engenheiro. A predileção de cada uma não deveria ser levada em conta de forma alguma, mas sim a regra imposta pelo pai, meu avô.

E foi o que aconteceu.

A segunda filha de meus avós era minha mãe. Por estar passando da idade de se casar e por não apresentar os mais belos dotes femininos, precisou da ajuda da família para arranjar um marido para ela na capital. Casou-se um pouco tarde (já não era uma "jovenzinha") com meu pai, um engenheiro de origem modesta, filho de uma professora primária viúva. Anos depois, minha outra tia casou-se com um advogado e a outra com um médico. Meu tio, o caçula, casou-se com uma herdeira riquíssima da capital do Estado.

Minha mãe conta que na época gostava de outro rapaz, que não era meu pai, com quem costumava dançar nas *soirés* do clube, sábado à tarde. Mas nunca foi consultada sobre suas preferências nesse setor: recebeu a decisão do pai de que deveria se casar com aquele engenheiro simplório, que havia estudado na capital e ponto final.

Por ser muito desconfiado e um ambicioso obstinado, meu avô tinha planos de contar com os três genros para trabalhar com ele, ajudando-o na condução dos negócios. E nada melhor para a autossuficiência da família do que um genro de cada profissão.

A vida fácil de milionário bem-sucedido e dono da região, porém, não era partilhada com os filhos. Cada filha que se casava morava perto dos pais, mas o genro recém-chegado passava alguns anos trabalhando em algum outro emprego, apenas para "testar" suas habilidades (ou inabilidades) profissionais. Esta era a razão aparente, mas esses primeiros anos de tentativa iniciante e insegura era apenas o tempo necessário para entrar em contato com a própria incompetência profissional e com as agruras de um início de vida, para então ir trabalhar com meu avô no frigorífico, como empregado, ganhando um salário pequeno. O convite de meu avô para trabalhar no frigorífico significava a tábua dos afogados a seus genros, num momento de vida profissional no qual eles enfrentavam os primeiros obstáculos sérios em cada uma de suas profissões. Era o momento ideal para tê-los trabalhando no frigorífico: eles aceitavam o convite de emprego com gratidão, pela segurança que representava trabalhar nos negócios da família.

Embora fossem casamentos exogâmicos, as regras eram endogâmicas, pois as filhas de meus avós continuavam ligadas ao pai e obedecendo rigorosamente às suas próprias e arbitrárias leis. Não havia novas famílias sendo criadas, mas sim uma incorporação de novos membros ao clã preexistente, dominado pelo patriarca milionário, dono não só da região, como da vida, das decisões e das escolhas de suas filhas e filho, genros e nora.

Quando todas as filhas e o filho haviam casado sob as regras do patriarca e trabalhavam para ele como empregados de seu frigorífico, meus avós foram morar em um hotel de Paris por um ano.

Depois de realizar todos os sonhos de infância de ambos, conhecer as capitais mais importantes da Europa, ver de perto a sonhada civilização, desbravar cada esquina de uma Grécia idealizada, lida e imaginada à distância, meus avós voltaram para casa e meu avô começou a construção de uma mansão, onde morariam. Eles tinham não apenas terras, gado e dinheiro em quantidade incalculável, como poder político. Meu avô havia sido um dos fundadores da cidade e ambos contribuíam para seu "progresso" construindo coretos, reformando praças, fazendo e mantendo pontes, prédios e injetando suntuosas quantias de dinheiro na catedral e no hospital municipal. Construíram para si a mansão comprando caminhões de mármore italiano e erigindo dentro dela uma escadaria cinematográfica. A mansão foi inaugurada como se fosse obra pública e depois de uma festa de inauguração com a presença da alta sociedade da cidade, foi aberta à visitação.

Depois de se casar com meu pai, minha mãe demorou seis anos para engravidar. Quando já havia desistido e preparava o enxoval do bebê que queriam adotar, ela engravidou. Tiveram três filhos: minha irmã, meu irmão e eu, o mais novo.

Minha mãe não tinha uma cabeça muito boa, sempre foi um pouco surda, surdez que teve sua origem na infância, quando recebeu injeções de gentamicina nos gânglios do pescoço, pois havia contraído tuberculose ganglionar de seu pai.

Quando minha irmã tinha cerca de dois meses de vida, num descuido perigosíssimo, minha mãe trocou a quantidade de vitamina A prescrita pelo pediatra. O médico havia prescrito duas gotas de vitamina durante dois meses; minha mãe havia lhe dado vinte gotas por dia durante dois meses, o que fez com que minha irmã sofresse uma superdosagem que funcionou como um envenenamento e que quase lhe causou a morte.

Porém, não seria o único episódio no qual minha mãe, por negligência, causaria risco de vida a seus filhos. Eu mesmo, poucos anos depois, sofreria um acidente quase fatal.

Meu avô milionário costumava presentear cada neto que nascia com uma fazenda de gado. Quem administrava a fazenda de cada neto era seu próprio pai. Assumir sua posse, porém, era mais um dos instrumentos de poder que minha família detinha ferrenhamente sobre os filhos. Sempre senti uma pressão subliminar em relação até mesmo a meu próprio bem — a fazenda doada por meu avô —, do tipo: "se você não nos obedecer, não receberá nada: nem fazenda, nem dinheiro, nem gado, nem terras... nada!"

Fui um dos netos mais jovens e convivi pouco com meu avô magnata. No meu caso, minha avó é quem teria um impacto muito maior em minha história, fato que inclusive me identificou muito com meu próprio pai, que havia nascido e crescido em um lar de "tias" solteiras e viúvas, sem figuras masculinas significativas, apenas com os irmãos que eram um, dois e três anos mais velhos do que ele. Minha segunda tia havia se casado com um advogado. O genro advogado de meu avô, depois de trabalhar durante alguns anos como empregado do sogro, mostrou talentos para a política. Era tudo o que meu avô precisava para fazer dele um dos homens mais influentes de nosso Estado. Sob a tutela deste e contando com forte "estímulo" financeiro, iniciou sua campanha política e foi governador do Estado por duas vezes. A carreira política de meu tio continuou em ascensão constante até a ditadura militar, época em que ele estava tão próximo do poder federal (por ser militar), que foi um dos redatores do Ato Institucional nº 5 (o AI 5). A história de meu tio também havia sido a de um menino que havia apanhado muito na infância e que achava "natural" crianças serem surradas com cintas. Minha família toda sabia — e comentava — que aquilo sim era caso de violência exagerada contra crianças: quando meu tio era menino, sempre que algum dos filhos fazia algo reprovável, o pai dele enfiava todos os filhos num saco de estopa, pendurava o saco no galho de uma árvore e batia no saco com um pau. Numa dessas vezes, um dos filhos (seu irmão mais velho) fraturou o braço em dois lugares, sob o impacto das pauladas paternas. É possível compreender por que um homem que cresceu num ambiente assim, sendo bestialmente surrado pelo pai, havia sido capaz de ajudar tão exemplarmente o governo militar a redigir uma lei (o AI 5), que dava ao governo, entre outras coisas, plenos poderes para prender e condenar qualquer cidadão brasileiro, ainda que sem julgamento. Foi essa uma das "leis" que meu tio havia aprendido na infância, quando era espancado dentro de um saco pelo próprio pai.

Aparentemente nada podia abalar a estrutura de minha tradicional família: meus avós eram milionários, possuíam terras, gado, poder familiar, social e político.

49

Meu pai, por sua vez, engenheiro de origem humilde, vindo de uma pequena cidade de interior, havia crescido numa casa de tias. Meu avô, (pai de meu pai) havia morrido quando ele tinha seis meses de idade e sua mãe, professora primária, vendo-se viúva e com cinco filhos para criar, resolveu voltar para a casa da própria mãe em busca de apoio financeiro, ajuda e companhia. Meu pai cresceu, portanto, entre velhas solteiras e viúvas (como minha avó materna e minhas tias-avós). Caçula de quatro irmãos mais velhos, era frequentemente superprotegido e poupado.

Alguns anos depois de se casar com minha mãe, meu pai começou a manifestar obesidade mórbida, que foi se acentuando com o passar do tempo, até que ficou muito gordo na velhice. Seu equilíbrio emocional foi sempre muito precário e teve muitos episódios de depressão, até ser diagnosticado, na metade da vida, como portador de transtorno bipolar.

Depois de anos sofrendo com crises de depressão mais ou menos demoradas, passou a tomar medicamentos fortes para evitar as crises, que realmente foram rareando. Na idade adulta, meu irmão manifestaria a mesma obesidade mórbida, e teve de fazer a cirurgia de redução do estômago para conseguir perder peso.

No começo de sua vida profissional, após alguns poucos anos tentando desempenhar sua atividade de engenheiro civil, meu pai cedeu às seduções financeiras de meu avô e foi trabalhar para ele no frigorífico. Meu avô tinha então um verdadeiro império funcionando conforme o planejado, com todos os genros e o filho trabalhando para ele em suas propriedades.

Nasci nesta estrutura familiar estrita e inflexível, na qual os sentidos já estavam dados, estabelecidos e quase imutáveis há muitos e muitos anos, muito antes mesmo de eu ter sido concebido.

Quando eu tinha oito anos de idade, meu avô faleceu.

A partir daí, minha avó o substituiria no comando do império, com a ajuda de meu pai e de meus tios. Minha avó é quem teria um impacto muito maior em minha vida.

Parodiando a vida de meu pai, que havia nascido e crescido numa casa dominada por mulheres, em que a figura masculina havia sido quase que totalmente ofuscada, nasci herdeiro de uma mulher poderosa, rígida, minha avó magnata, dona de uma extensão imensa de terras, a ex-caipira do "buraco ermo", filha do desenraizado cultural libanês e da matuta demente.
Tal herança teve um peso esmagador em minha vida.

1 – UMA MORTE ANUNCIADA

Nasci quando o clã de meus avós estava no seguinte momento: avô com cerca de setenta anos e riquíssimo (afastado dos negócios), genros e filho administrando o grande patrimônio, com exceção do genro advogado, que se dedicava à carreira política e à participação no governo federal.

Até os cinco anos de idade vivi na fazenda de meu pai, que ficava em frente ao frigorífico de meu avô, na entrada da cidade (que havia sido praticamente fundada por meu avô).

Convivia e brincava, portanto, com os filhos dos colonos, dos caseiros, dos vaqueiros, funcionários do frigorífico etc. e me sentia o "pobre menino rico".

Uma tarde, quando tinha por volta de seis anos de idade, eu brincava com algumas crianças filhas dos colonos na frente de minha casa. Eu estava sentado na cerca conversando com os outros meninos quando, num dado momento, perdi o equilíbrio e caí em cima do meu braço direito: fraturei-o perto do pulso.

A dor era lancinante, mas o mais traumático da situação não foi a fratura em si, e sim o abandono que se seguiu. Assim que caí e comecei a chorar, vi todas as crianças com quem eu estava brincando até aquele momento se afastarem, saírem correndo ou escaparem de fininho. Pedi ajuda, chamei por eles, chorei, gritei, mas nenhum deles voltou.

51

Tive consciência de que fugiam por medo de serem responsabilizados pelo ferimento do filho do patrão. Era a primeira vez que eu entrava em contato com um contraste tão grande existente em minha vida, decorrente do fato de ser "o herdeiro" e de, ao mesmo tempo, me identificar tão profundamente com os "oprimidos, derrotados e perdedores", dentre eles o principal: meu próprio pai.

O contraste era tão gritante porque, em vez de sentir a herança como um poder (como era vivida pelos meus avós), eu a sentia como um fardo, como uma armadura, uma destituição: algo que me impedia de ter o que quer que fosse, até mesmo amigos, que é o que eu constatava dolorosamente naquele momento. Em vez de ter sido tratado pelos meninos como eu mesmo, fui tratado como "o filho do patrão" ou, ainda pior, como "o neto da Regina", minha avó poderosa.

Em época posterior vivi uma situação semelhante na escola, quando fui identificado por uma professora como "o neto da Regina", aula em que ela contava à classe sobre as benfeitorias feitas na cidade por minha avó.

Eu me sentia um vale ("vale-herança"), um oco existencial, uma casca vazia, um estepe-representante da fortuna de minha avó.

Nessas ocasiões, eu morria de vergonha e não sabia como escapar ao constrangimento e à humilhação. Eram meu valor próprio, minhas coisas íntimas e pessoais que se esvaneciam nessas situações.

À sensação de ser vale, somava-se o sentimento sempre presente de ter nascido em um ambiente onde até mesmo minha atividade profissional já estava predeterminada. Não havia espaço para qualquer sentido que eu próprio pudesse dar a algo. Tudo já havia sido mapeado, escolhido e planejado, numa família com uma coesão interna tão estrita, que não garantia direito algum às escolhas, pensamentos, sentimentos, decisões e sentidos individuais.

Ainda que nos fosse dado (a nós, filhos) o direito de estudar na faculdade que escolhêssemos, certamente teríamos de voltar para a casa de nossos pais e para a cidade natal depois de formados, para trabalhar nas propriedades da família. E depois que saí de lá, a simples lembrança da cidade e de minha infância quase me causava uma dor física. Lembrar era dolorido. Durante toda a minha vida foi assim. Lembrar doía.

Depois da morte de meu avô, pouco mudou na estrutura funcional da família. A autoridade que era antes centralizada por ele, agora era desempenhada por minha avó e por seus fiéis seguidores: meu pai e tios, todos sócios no frigorífico e nas fazendas. Todo o patrimônio era comum, o que obrigava cada um deles a exercer um controle tácito e secreto sobre todos os outros, para não ser roubado nem prejudicado nas finanças, já que o interesse no patrimônio era de todos.

Aos oito anos, pouco depois de ter caído da cerca da fazenda e ter quebrado o braço, tive hepatite e fiquei dois meses em repouso absoluto. Um isolamento tão longo do único ambiente social que eu podia contar fora de minha família — a escola — acentuou em mim a sensação de despersonalização, queixa sempre presente em todos os meus futuros anos de análise. Sentia que não conseguia ter coisas "minhas", quer as "coisas" fossem objetos, quer fossem relacionamentos. O pertencimento era uma impossibilidade: não só eu me sentia incapaz de possuir, como incapaz de pertencer socialmente, em qualquer ambiente que fosse.

Quando me recuperei da hepatite e voltei para a escola, passei por uma experiência muito assustadora: um dia estava voltando para casa sozinho, quando começou uma tempestade. Céu escuro e pesado, vento, árvores agitadas. Atingido por um raio, um fio de alta tensão se soltou do poste diante do qual eu passava naquele momento e começou a ricochetear em volta de mim. Paralisado de terror, assisti à cena com total impotência

53

diante do perigo iminente e da possibilidade de morte. O fio de alta tensão dançou à minha volta por alguns segundos, soltando fagulhas e produzindo seu barulho característico e amedrontador.

Nessa mesma época tive o seguinte sonho: Eu estava na barriga de minha mãe, mas em vez de me sentir confortável, seguro e aconchegado, eu me sentia frio e petrificado de terror, porque minha mãe não era uma mulher, mas uma caveira. Em vez de estar dentro de um útero, eu estava dentro do que pareciam ser as grades de uma prisão, os ossos da caveira a meu redor, o útero/prisão de minha mãe/morte.

Minha mãe sempre me contou sobre outro episódio muito marcante e tenebroso, quando eu tinha menos de dois anos de idade: um dos riscos de morte a que ela expôs seus filhos, por descuido ou negligência.

Estávamos todos na fazenda, domingo de sol, e eu corria com as outras crianças. Como eu tinha menos de dois anos de idade e fazia calor, eu brincava só de fraldas.

Num dado momento da brincadeira, fui para trás de uma moita e fiquei de cócoras me escondendo das outras crianças. O problema é que eu havia me abaixado sobre um formigueiro e, em fração de segundos, as formigas cobriram quase que o meu corpo inteiro. Quando me encontrou, minha mãe limpou as formigas que andavam sobre mim e me colocou na banheira com água morna. Mas as picadas eram tantas, que eu desmaiei e tive de ser levado às pressas ao hospital. Eu estava tendo um choque anafilático.

Era o segundo episódio de risco de vida que acontecia em minha família: o primeiro havia sido a superdosagem de vitaminas administrada por engano por minha mãe à minha irmã. O segundo foi este acidente das formigas. Ambos poderiam ter tido consequências fatais.

Os cuidados de minha mãe sempre tiveram esta intensa ambivalência: ao mesmo tempo em que ela manifestava desejo de proteger, ela nos sufocava; havia sempre o reverso da moeda, o lado mortífero e ameaçador daquele amor/morte e sempre que ela o atuava, punha-nos — a nós, seus filhos — em risco de morte. Havia um tom tenebroso em seus cuidados e durante toda a minha infância evitei declarar dor ou mal-estar, como se o olhar de minha mãe e suas tentativas de cuidado me fossem mais ameaçadores do que a doença em si. Isso fez com que eu crescesse muito calado, sem disposição para conversa ou para partilhar minhas coisas com quem quer que fosse.

Anos depois, já adulto, eu estava em análise e tive o seguinte sonho: eu caminhava numa floresta e de repente senti uma onda negra subindo pelo meu corpo, quase me tomando por inteiro: eram os "dedos da morte", memória somática do efeito do formigueiro sobre minha pele, que eu havia vivenciado uma vez, anos e anos atrás.

Minha mãe, filha do ambicioso homem de negócios que havia se feito sozinho e acumulado um verdadeiro império praticamente a partir do nada, havia aprendido bem a lição: sempre demonstrou um pragmatismo férreo e uma sistemática crítica a tudo o que não fosse dinheiro, carreira, eficácia e objetividade.

Um dia, quando meus pais tinham chegado de minha cidade natal e estavam nos visitando em minha casa, eu, minha mãe e minha filha mais velha assistíamos a um filme do Charles Chaplin na televisão. A última cena do filme mostrava Carlitos de braço dado com sua namorada, os dois caminhando no meio de uma longa estrada, que se perde à frente. O comentário que minha mãe fez chocou minha filha mais velha, que comentou comigo depois que eles foram embora. Minha mãe disse:

— Esse filme é um absurdo! Onde já se viu, duas pessoas andando no meio da rua!?! Tsc, tsc...

Minha filha havia ficado chocada com a falta de sensibilidade de minha mãe à poesia da cena, que sugeria muita coisa, mas que foi atropelada pela visão tenebrosamente objetiva e concreta de minha mãe: um casal de braços dados andando em lugar errado, ou seja, no meio da rua. De tudo o que a cena poderia metaforicamente sugerir, o que chamou sua atenção foi justamente um comportamento aparentemente fora da norma, fora do convencional, ou seja, que rua foi feita para andar com carro e gente deve andar na calçada[1].

Na minha infância, aos domingos, invariavelmente, os programas eram familiares: missa das dez na catedral e reunião de família na casa de algum parente, com a presença de todos. Seria até agradável, não fosse a verdadeira "armadura" que minha mãe inventou de vestir em mim, símbolo sugestivo do desconforto que todas as injunções familiares sempre representaram para mim: era um "terninho" de linho cinza claro, feito de linho com rami, que era áspero como uma lixa. Nos dias de calor, eu me sentia sufocado vestindo aquilo, além de ter de suportar a aspereza do tecido diretamente sobre a pele dos braços, do peito, do pescoço. O mais estranho é que nunca pensei que tivesse o direito de protestar: minha mãe me mandava vesti-lo todo domingo de manhã e eu obedecia, nunca me ocorreu que eu pudesse lhe dizer que aquilo me pinicava, ou que eu sentia um tremendo desconforto. Afinal, eu estava habituado a me resignar, as surras de meu pai me ensinavam isso passo a passo.

Mas um dia, acordei mais cedo e pensei que tinha de dar um jeito naquilo: fui até o guarda-roupa, tirei o "terninho" do

---

[1] Essa pasagem nos remete ao conceito de "má-mentalização" formulado por Pierre Marty (1994), para descrever um pensamento operatório ancorado somente na realidade objetiva e pragmática: "[...] uma boneca, que de inicio é sentida como algo visível e palpável pelo bebê, adquire progressivamente o valor afetivo de uma 'criança', e mais tarde, no adolescente e no adulto, o sentido metafórico de uma 'mulher sexuada'. O conjunto é inscrito no pré-consciente. Isto configuraria uma boa mentalização. Em uma desorganização patológica do pré-consciente, em que ocorra uma 'desmentalização', a palavra 'boneca' pode então não evocar no sujeito em questão nada mais que 'brinquedo de criança'".

cabide e, aproveitando que todos dormiam, fui até o quintal e esfreguei-o na terra do chão. Depois de bem sujo, voltei a pendurá-lo no cabide.

Aquele dia — por milagre! —, fui poupado da armadura piniquenta. Minha mãe ficou sem entender como aquele terninho tão sujo havia ido parar no guarda-roupa, pendurado no cabide, mas não insistiu. Afinal, o que as tias e avós não iriam dizer se vissem seu filho vestindo roupa suja?

Muitos anos depois, quando fiquei doente de leucemia, eu iria me lembrar do desconforto físico vivido dentro daquele fatídico terninho, todas as vezes que tinha erupções de pele ou algum mal-estar na superfície do corpo, decorrentes do tratamento quimioterápico.

O tal terninho de rami apareceu muitas vezes em sonho ao longo de toda a minha vida e em muitas sessões de análise.

Anos depois, eu já adulto, minha mulher estava grávida de um de nossos filhos, quando minha mãe trouxe uma mala com presentes para o bebê. Entre eles um ou dois casaquinhos de lã, que eram verdadeiras lixas ao contato. Minha mulher admirou-se com a falta de sensibilidade de minha mãe e comentou com ela que aquelas roupinhas eram ásperas demais. Ao que minha mãe respondeu: os dois casaquinhos foram do Ares e ele ficava lindo com eles. Ao que tudo indica, fui iniciado bem cedo nos desconfortos corporais. Assim que pude, quando já contava com autonomia financeira e independência suficientes para comprar minhas próprias roupas, este sempre foi um fator decisivo nas minhas escolhas: nunca suportei o contato na pele de qualquer tecido que não fosse cem por cento algodão ou que me transmitisse qualquer mínimo desconforto tátil: bordados, detalhes, botões, zíperes etc. O que minha mãe iniciou no berço, em termos de sofrimento físico e de violência à minha pele, foi reiterado pelas formigas no incidente do formigueiro e reeditado, anos depois, em meu tratamento hospitalar.

57

Somado às surras, eram memórias corpóreas muito presentes de dor e de desconforto extremos, eventos aos quais minha mãe (e meu pai) nunca tiveram sensibilidade para perceber.

Como me sentia muito sozinho em minha infância solitária (ainda que contasse com alguns amigos na escola e outros entre os filhos dos colonos da fazenda), passava muito tempo com os animais da fazenda, montando cavalos, cuidando dos bezerros, dos cachorros, dos passarinhos e dos potros. Os animais eram meus grandes companheiros.

Como bater nos filhos para "educá-los" era prática muito comum em minha família já há algumas gerações, não haveria de ser diferente comigo.

Um dia juntei as garrafas velhas no fundo do quintal e fui vender na feira livre, que acontecia na rua de baixo à de minha casa. Quando meu pai chegou do trabalho na hora do jantar, e sem que eu pudesse entender a razão, minha mãe contou a ele sobre a venda das garrafas. Meu pai parou de comer, voou em minha direção e me deu uma surra de cinta, deixando-me marcas da fivela nas costas.

Como as surras eram habituais e constantes, fui ficando cansado de apanhar. Numa das vezes, em vez de chorar, permaneci impassível, sem esboçar reação alguma. Ódio, revolta e mágoa se misturavam dentro de mim, como tintas multicoloridas. Minha impassibiliidade, no entanto, impressionou meu pai que, um pouco perplexo, antecipou o fim da surra e recolocou a cinta nos passadores da calça e me mandou para o meu quarto.

Constatar que seu filho de oito anos apanhava impassível e indiferente causou um impacto grande nele, algum tipo de desconforto, que fez com que ele parasse de me surrar, pelo menos daquela vez.

As surras eram violentas, fisicamente inclusive, porque meu pai batia com o lado de fivela da cinta, não com o lado de couro.

Muito tempo depois, quando fiquei doente e estava a poucos dias da morte, rememoraria a violência física dessas surras em um sonho perturbador.

Uma outra surra de que me lembro com clareza foi quando subi no telhado lá de casa. A experiência de subir no telhado tinha uma forte conotação sexual para mim, o que transformou a surra que levei de meu pai naquele dia numa poderosa repressão sexual. Como nas vezes anteriores, minha mãe contou a meu pai quando este chegou do trabalho e o episódio firmou-se como uma forte conotação castradora, distanciando-me cada vez mais de meu pai e dificultando enormemente minha necessidade de competir com ele num mundo de "homens". As surras me impediram também de desenvolver uma relação amorosa com ele.

Lembro-me bem de todos os anos em que eu me sentia quase a esmolar um olhar de meu pai, um momento mínimo de sua atenção.

Minha irmã era três anos mais velha do que eu e meu irmão, um ano e meio mais velho. A novela familiar entre nós era a seguinte: minha irmã mais velha era muito ciumenta, reclamando sempre a falta de privilégios, despeitada das atenções de quem quer que fosse endereçadas a mim e a meu irmão, invejosa dos presentes e dinheiro que porventura meus pais dessem a mim ou a meu irmão.

Meu irmão, gordo, sem amigos, com dificuldades nos estudos, e com uma debilidade geral no comportamento social, em geral ficava sob minha "responsabilidade"... No início da puberdade, quando íamos a "bailinhos", eu sentia uma vergonha enorme por ter de levar meu irmão, o gordo, meio bobo e desprestigiado, que passava quase que todo o tempo colado em mim, como um peso morto.

Um dia, quando passávamos férias na casa de meus tios, na cidade grande, estávamos voltando de uma festa quando encontramos a turma de meninos da "rua de baixo", arqui-inimigos de meus primos. Iniciou-se uma briga. Como meu irmão era gordo e incapaz de se defender, ficou para trás: corri o mais que pude e em dois minutos me vi livre da turma briguenta. Mas quando, lá na frente, olhei para trás, vi que teria de voltar. Resultado: voltei, batemos, apanhamos, mas livrei meu irmão dos moleques da rua de baixo.

Eu não contava com nenhum tipo de solidariedade entre os membros de minha família: minha irmã mais velha era a "alcaguete", que contava a meu pai tudo o que eu tivesse feito de errado, como se "quisesse" me ver apanhar de meu pai. Nunca confiei nela. Meu irmão era o único solidário a mim, mas não por algum motivo muito nobre... quem sabe por ser o único que sempre foi surrado muito mais intensamente do que eu, quem sabe por saber que eu era o único que seria capaz de realmente o ajudar numa hora de necessidade.

Porém, ainda que solidário, meu irmão era fraco emocionalmente e desajustado socialmente, incapaz de sustentar comigo qualquer atitude de defesa, preservação ou rebeldia. Ao contrário, era sempre eu que tinha de lhe dar apoio e proteção.

Minha situação de apoio emocional era, portanto, muito precária. Não me era dado o direito de dar sentido ao que quer que fosse. Batiam em mim por razões aleatórias, sujeitas ao humor lábil de meu pai e sem nenhuma correlação com meu comportamento. Sentia-me detentor de uma atribuição social e de um poder — eu era o "neto de Regina"— que empanava a visão dos outros para o meu próprio ser.

Em suma, havia uma morte simbólica anunciada muitos e muitos anos antes de eu adoecer realmente, manifestada no sonho da caveira, no sonho da sombra negra e no incidente com o fio de alta tensão.

Quando eu tinha por volta de 13 ou 14 anos, sentia uma curiosidade sexual enorme e comecei a procurar as empregadas domésticas que trabalhavam em minha casa para brincadeiras sexuais.

Convidado pelos amigos de escola, fui uma noite a uma casa de prostituição, mas quando me vi à sós com a mulher no quarto, deixei o dinheiro em cima da mesinha e sai correndo dali. Nessa época trabalhava em minha casa uma mulher com cerca de 40 anos, casada, com filhos. Eu era adolescente e estava muito curioso em relação às mulheres. A empregada viu em mim, como tantas outras pessoas haviam visto antes dela, o herdeiro, o filho do patrão rico e passou a deixar a porta do quarto aberta durante a noite, como oferta para saciar minha curiosidade juvenil. Foi com essa empregada que teve início minha vida sexual. Mas mais uma vez me vi presa de uma armadilha: quando foi demitida por minha mãe, poucos anos depois, a doméstica me procurou um dia e me disse que tinha tido um filho meu. Conseguiu, dessa forma, minha contribuição financeira mensal, chantagem que durou alguns anos, em troca de manter o meu segredo. Enquanto eu "a ajudasse", ela não contaria nada à minha mãe.

Uma noite, voltando de uma noitada com os amigos, vi alguns moradores de rua miseráveis. Chegando em casa chorei muito, trancado no quarto. Meus pais não entenderam meu choro, perguntaram o que tinha acontecido e escutaram de mim um discurso desesperado de revolta social diante das injustiças que eu havia acabado de presenciar. Como minha angústia e meu choro cresciam cada vez mais, como meus pais estivessem muito assustados e se sentissem impotentes diante de meu desespero, minha mãe chamou o padre.

Velho conhecido de minha avó, de quem recebia polpudas contribuições mensais além de doces, pudins e biscoitos, o padre acudiu prontamente. E depois de um longo sermão moralizante, conseguiu me fazer calar. Não que houvesse aplacado minha angústia, mas me havia feito desistir. Adolescente atormentado, depois de horas de subjugo sutil moralizante, resignei-me outra vez ao silêncio da mais absoluta solidão.

61

Nessa época, comecei a perceber que não me restava muito espaço naquele lugar. E depois de me preparar durante um ano, prestei os exames para a melhor universidade do Brasil, na maior capital do país, a 800 quilômetros de distância de minha cidade natal. Fui aprovado com nota máxima e mudei-me para lá.

Ao deixar minha cidade, eu tinha a clara sensação de que jamais voltaria. Não negava abertamente as regras familiares de voltar depois de formado para administrar os negócios do clã familiar, mas "escapava de fininho" do assunto...

Eu sabia que indo embora estava tentando iniciar uma vida autônoma e independente, livre de todas as imposições e, principalmente, de todas as heranças familiares. Inclusive as financeiras.

Tudo deu certo para mim na cidade grande: fiz uma faculdade brilhante, formei vínculos sociais significativos com meus colegas e quando estava no terceiro ano da faculdade, conheci uma moça um ano mais nova do que eu, que gostava de escrever, como eu, e nos apaixonamos perdidamente.

Era como se eu houvesse finalmente encontrado o aconchego que nunca havia sentido antes em minha vida, alguém que entendia o que eu falava e muitas vezes me entendia sem que eu mesmo precisasse falar.

Quando visitamos meus pais para eu apresentá-la a eles, houve uma comoção familiar, um "estado de alerta" generalizado instalou-se, pois eu estava trazendo para dentro do ninho alguém estranho às nossas convenções.

Nesse primeiro encontro, num dado momento da conversa, minha namorada me elogiou para minha mãe, dizendo que eu era uma pessoa especial, sensível e bom escritor. Minha mãe teve uma reação estranha: não só se mostrou muito perturbada, como respondeu à minha namorada com uma visível irritação indignada:

— Mas o que é isso?! Ares não é especial de maneira nenhuma, não tem nada de diferente das outras pessoas! Ele é igual a todo mundo!

Ainda que eu percebesse que estava desobedecendo a regras familiares muito arraigadas, mantive meu namoro, pois eu estava apaixonado. Sentia até certo alívio por perceber que minha família não gostava nem aprovava minha namorada e que minha namorada não morria de amores por eles... Era uma garantia de que eu não estava totalmente encapsulado no meio familiar.

Um ano depois estávamos casados.

Minha família foi radicalmente contra meu casamento porque minha namorada não era de minha cidade, era uma "estrangeira" (alguém de outro estado) e, além disso, não havia sido escolhida por eles e certamente poria em risco todas as determinações familiares relativas a mim e a meu futuro. Quem poderia dizer que não era uma caça-dotes da cidade grande?

Ignorei todas as críticas familiares, toda a pressão contrária e me casei com ela.

Na manhã do dia do meu casamento, minha mãe foi fazer uma visita de última hora à minha sogra e, ao ir embora, despediu-se dizendo a ela:

— Vou para esse casamento como se estivesse indo a um enterro.

A estrutura de minha família de origem só funcionava bem sem a presença de intrusos. E como eu estava tendo um casamento exogâmico, o fato não era visto com bons olhos por eles. Era ameaçador, isso poderia abalar regras há muito arraigadas e jamais questionadas.

Meus pais nos criaram, a mim e a meus irmãos, punindo-nos com surras e premiando-nos com bens materiais. Era o que eles mais valorizavam: pessoas bem-sucedidas socialmente e dinheiro.

Quando me formei na faculdade meus pais me presentearam com um carro zero. Uma semana depois de receber as chaves do carro das mãos de meu pai, sofri um acidente, capotei três vezes e o carro sofreu perda total. Não sofri nem um arranhão, mas me livrei daquele presente, que havia sido um peso para mim.

Depois que me casei, eles passaram a fazer uma espécie de pressão sutil por meio de cartas, telefonemas e visitas esporádicas, fazendo-me saber que eu não poderia contar com as "regalias" que sempre havia esperado, caso continuasse tomando um rumo na vida tão incerto e imprevisível. Eu já havia casado com alguém que eles não aprovavam, insistia na ideia de escrever, e não voltaria para minha cidade para trabalhar nos negócios da família. Era demais para eles.

Eu, em vez de brigar por uma herança que passava a ser negociada na forma de chantagem, arrumei um emprego. E passei a me sustentar sem precisar mais integralmente do dinheiro que meus pais nos mandavam todo mês.

O emprego, no entanto, era num *atelier* de construção da amiga de minha prima e, embora eu estivesse tentando me tornar independente de meus pais e conseguir autonomia, ainda não me sentia capaz de encontrar um emprego por conta própria, que fosse suficiente para garantir nosso sustento, meu e de minha mulher. Além do mais, eu estudava em período integral.

Durante toda a adolescência havia escrito poesias e crônicas, e sempre tive um enorme prazer em escrever. Publiquei meus trabalhos nos jornais de minha cidade durante anos. Desde a adolescência, também, dedicava-me a invenções de objetos. O primeiro deles foi uma espécie de interfone que instalei no apartamento de minha avó e no de minha família. Embora tenha sido feito em casa e quase que exclusivamente com peças de outros aparelhos, funcionou bem durante um tempo.

Por toda a vida projetei inventos, de jogos de tabuleiros a antiderrapantes para carros e patenteei alguns, mas nunca testei os protótipos. Sendo assim, nunca tive o prazer de realizá-los até o fim.

Quando uma ideia me vinha à cabeça, tentava desenvolvê-la, às vezes durante meses, e minha casa tinha meus desenhos espalhados em todos os lugares. Gostava de planejá-los com cuidado, pensando em cada detalhe, prevendo seu funcionamento e problemas que pudessem surgir.

Estava agora em um momento de vida muito diferente do de minha adolescência: desta vez escrevia poemas tristes, lúgubres, impressionado como ainda estava com um contraste social muito grande e com um mundo muito solitário de destituição de sentido. Sentia-me culpado socialmente e responsabilizado pela gritante diferença de classes, ainda mais agora, que estava morando numa cidade grande.

Às vezes me desentendia com minha sogra. Era fácil para mim sentir raiva dela e tivemos algumas brigas logo depois de me casar. Num desses episódios, ela me disse que me sentia amorfo e que, segundo ela, mesmo se alguém me espetasse o corpo inteiro com agulhas, ainda assim eu não esboçaria reação alguma.

Esse comentário que minha sogra fez deixou-me furioso e eu a pus para fora de minha casa. Minha sogra era uma das poucas pessoas às quais eu expunha minha raiva.

Um dia, no começo de minha vida de casado, recebi de minha mãe uma mala cheia de roupas, sapatos, cobertores. Ao abri-la e ver o que continha, fechei e fui para o centro da cidade. Procurei os pedreiros de uma grande construção, chamei todos eles, abri a mala no chão e fui embora para casa. Fiz isso umas duas ou três vezes.

E como me sentia cada vez mais triste e desanimado, minha mulher sugeriu que começássemos uma terapia de casal.

Os atritos com minha família começaram a aumentar: evitava responder às cartas de meus pais, passei a não telefonar a eles todos os fins de semana, como mandava a tradição familiar. Com isso, a pressão e o controle familiar aumentaram. Além do mais, minha mãe passou a fazer uma verdadeira "campanha" contra a terapia. Conversava com minha mulher e comigo, mandava cartas, cartinhas, bilhetes, dizendo sempre que a terapia estava me levando para uma direção de vida que não era a minha.

Meus pais ficavam cada vez mais desconfiados de que eu estivesse começando a trair os princípios e as leis de minha família.

Não era o que eu estava tentando fazer, trair dogmas familiares, eu estava simplesmente tentando viver minha própria vida da maneira que escolhesse. Mas todas as vezes em que tentei me rebelar e tomar um rumo diferente daquele preconizado por minha família, iniciava neles uma reação em cadeia e uma verdadeira campanha moralizante. E, com isso, era acometido de uma culpa avassaladora, ou de tristeza e prostração. Era muito difícil para mim me diferenciar deles, embora eu não suportasse viver ao lado deles.

Formei-me na faculdade no mesmo ano em que minha primeira filha nasceu.

Como trabalho de conclusão de curso escrevi um livro, um romance, o primeiro de minha vida literária, sobre uma casa: a casa da avó de meu pai, onde ele havia crescido.

Até então, eu havia escrito apenas poesias e contos. Tinha planos de publicar meu livro, principalmente depois de apresentá-lo à banca da faculdade e de receber tão elogiosos cumprimentos de professores gabaritados e a nota máxima.

Orgulhoso dos resultados que obtive, mostrei meu livro a meu pai, que depois de lê-lo, devolveu-o dizendo:

— Enviei seu livro para um escritor de nossa capital (do meu estado) e ele me respondeu que você não tem talento literário algum...

Não reagi. Desisti daquela publicação e nunca mais voltei a falar sobre aquilo. Apesar de ter recebido nota máxima na faculdade, quando o apresentei diante da banca em meu trabalho de conclusão de curso, meu pai nunca considerou o fato. Desprezou minha obra literária como desprezaria outras obras minhas posteriormente.

A avaliação de meu pai — e principalmente sua aceitação — eram essenciais para mim.

Nessa época, eu ainda vivia uma crise pessoal muito intensa e nos meses seguintes à minha formatura comecei a procurar emprego exaustivamente, até que depois de meses de busca sem resultado, desisti e pedi ajuda a meu pai.

Meu pai fez contato com um amigo que trabalhava na diretoria de um banco e fui chamado para meu novo emprego naquela mesma semana.

Durante cerca de dez anos, minha vida passou por um período relativamente estável: eu estava fazendo terapia (agora individual), tinha um emprego, e por viver longe de minha família, eu me sentia relativamente independente de suas regras e dogmas, embora ainda conservasse uma obediência cega a eles.

Um dia meu terapeuta me disse uma coisa, que me deixou perplexo:

— Ares, você vive uma inversão. Em vez de dizer: "estou com fome, quero leite", você diz: "tem leite? então eu estou com fome".

Eu entendi parcialmente o que o terapeuta queria dizer, mas não conseguia mudar isso. Via diante de mim um muro intransponível.

A terapia que fiz durante 18 anos tinha uma orientação reichiana, que meu terapeuta dizia ser "terapia bioenergética". Era um tipo de terapia corporal que consistia do seguinte: depois de cerca de meia hora fazendo exercícios físicos de um determinado tipo (às vezes muito sutis, como por exemplo mexer a cabeça de um lado para o outro, como se estivesse dizendo não), eu passava os minutos finais da sessão fazendo comentários sobre as vivências que os exercícios haviam provocado em mim.

O princípio da bioenergética reichiana que orientava o trabalho do meu terapeuta era de que temos couraças musculares que impedem a livre circulação energética/emocional. Ao liberarmos uma determinada couraça muscular, liberamos com ela a energia que estava represada naquele lugar, juntamente com as emoções reprimidas.

Nos primeiros anos dessa terapia me senti bem e tive sonhos esclarecedores. Mas depois de algum tempo comecei a sentir a necessidade de falar, mais do que de fazer exercícios musculares. A vontade de falar era novidade para mim. Minha mulher e meus filhos sempre se queixaram do meu silêncio. Algumas vezes eu passava dias sem conversar, ou mesmo sem responder o que eles me perguntavam, o que aborrecia meus filhos e deixava minha mulher preocupada. Eles também reclamavam que eu vivia irritado todo o tempo e me perguntavam a razão disso. Não gostava de ouvi-los reclamar do meu mau humor, não admitia que fosse verdade.

Reclamei a meu terapeuta de que não estava contente por falar tão pouco durante as sessões. Cheguei a propor a ele que fizesse menos exercícios bioenergéticos e que conversássemos mais. Ele não ouviu minha reclamação. Ao mesmo tempo, disse a ele que estava difícil conseguir pagar as sessões, que depois de um reajuste no preço da sessão, havia ficado muito caro para mim.

O fato de meu terapeuta não escutar minhas reclamações gerou um desconforto tão grande, que optei por interromper a terapia no ano em que completaria cerca de 18 anos de tratamento.

Algum tempo depois pensei que talvez eu estivesse repetindo com o terapeuta a mesma dinâmica que havia vivido sempre com meu pai: sentindo que não era ouvido nem respeitado, que não havia espaço para minhas palavras e que, assim como meu pai, o analista estava me cobrando demais em termos financeiros, gerando um sentimento de dívida em mim.

Esta repetição me levou a abandonar a terapia.

E apesar de, ao longo dos anos, eu ter entendido um pouco mais as dificuldades que sempre tive no relacionamento com meu pai, as coisas estavam muito longe de serem satisfatórias entre mim e ele.

Comentei com minha mulher algumas vezes que eu via a mim mesmo me rebaixando voluntariamente quando meus pais nos visitavam: escolhia os assuntos de conversa que mais pudessem agradar meu pai, buscava o olhar dele durante as refeições, adivinhava o que pudesse alegrá-lo na tentativa de conquistar uma aprovação e uma aceitação que nunca havia tido da parte dele. A surdez de minha mãe, que era um fator extremamente irritante para a maioria das pessoas, contava com minha total tolerância; era comum que eu ligasse para ela as legendas da televisão, para que ela pudesse assistir às novelas com mais conforto, ainda que ela passasse horas e horas falando sem parar e quase nunca assistisse.

Porém, todos esses gestos meus, que poderiam ser considerados "carinhosos" e por uma atenção espontânea, eram apenas uma tentativa de apaziguamento da agressividade deles e da minha própria. Um dia, minha mulher me disse que via uma verdadeira transformação em mim toda vez que eu atendia a um telefonema de meu pai: quem atendia era eu, mas com o desenvolver da conversa, ela me via me transformando na Minnie, a mulher do Mickey: vestido de bolinhas vermelhas, sapatinho vermelho, laço na cabeça.

Nunca reagi a essa provocação de minha mulher. Eu raramente reagia a provocações, principalmente às irritantes ou que pudessem me causar raiva. Eu me limitava a não responder, me calar ou a repreender meus filhos quando derramavam suco na mesa ou algo do tipo, situações que me irritavam intensamente.

Uma negação tão sistemática de minha própria raiva teria consequências nefastas para mim, anos depois.

Eu era o único da família que havia me afastado do clã e que tinha um emprego fora do patrimônio familiar. Meu irmão trabalhava com meu pai, meu cunhado era o principal colaborador de meu pai. Todos os meus primos e primas trabalhavam com seus respectivos pais no negócio familiar. O clã continuava funcionando da mesma forma que antes, agora com vários patriarcas, meus tios: um patrimônio único, gerido pelo patriarca e mantido pelos outros membros, os filhos/subalternos.

Meu irmão, agora adulto, continuava muito dependente de meus pais. Depois de ter passado alguns anos fazendo faculdade em outra cidade, voltou então para casa, seguindo a regra familiar tácita de sempre: retornar aos negócios da família depois de estudar.

Com o passar do tempo, exatamente como meu pai, meu irmão começou a apresentar problemas de saúde e começou a engordar muito.

Minha mãe, prevendo que teria um filho adulto dependendo dela a vida inteira, tratou de arrumar uma noiva para ele. E, depois de alguns contatos com membros da família de meu pai, fizeram as apresentações e meu irmão ficou noivo de uma prima em segundo grau. Era algo como: dois jovens "encalhados", de idade próxima e sem perspectivas de se casar sem uma ajuda "extra".

Meu irmão se casou e foi morar perto de meus pais. Nos primeiros anos de casados, os dois tentaram ter filhos, mas sem sucesso. Minha cunhada começou a consultar especialistas e a fazer exames, tentando encontrar a razão pela qual não conseguia engravidar.

Meu irmão também consultou seu médico, mas sem contar à sua mulher. Foi quando recebeu o diagnóstico de que era estéril: em todos os exames que havia feito, o resultado era o mesmo: nenhuma produção de espermatozoides.

A questão difícil, porém, é que esse fato foi omitido de minha cunhada por um longo tempo, mesmo enquanto ela ainda fazia exames e consultas tentando encontrar a razão por não engravidar.

Quando contei isso à minha mulher, ela me disse que eu deveria conversar com meu irmão e fazê-lo contar a verdade à sua mulher, do contrário, ela mesma o faria, conversando com minha cunhada e contando-lhe a verdade. Talvez meus pais tivessem medo de que minha cunhada abandonasse meu irmão quando soubesse que ele era estéril. O fato é que isso não me causou grande surpresa: fazia todo o sentido, emocionalmente falando, que meu irmão fosse estéril: ele nunca foi capaz de enfrentar meu pai, como homem, apanhou muito mais do que eu e foi sempre submetido a uma posição de total obediência.

Eu, minha mulher e filhos costumávamos passar as férias de verão na fazenda de meus pais.

Numa destas férias, um dia eu, minha mulher e nossos filhos estávamos chegando à entrada da fazenda de carro, quando olhei para os pastos circundantes e me lembrei do caminho que já havia feito tantas e tantas vezes durante minha infância e adolescência. Mas ao me lembrar de outros momentos de minha vida, o que senti foi uma grande dor.

Foi quando disse à minha mulher:

— Sabe, lembrar dói.

Sempre evitei lembrar, o que quer que fosse. O ato de lembrar sempre me pôs em contato com dores que eu nunca soube localizar bem ou expressar claramente. Assim como sempre evitei a dor, fosse de que tipo ela fosse. Nunca fui muito forte para enfrentar coisas dolorosas e, muitas vezes, tentei disfarçar um ou outro desconforto físico, como uma dor muscular ou dor de cabeça, tentando passar por cima, como se não existissem.

Já adulto, uma vez meu irmão caiu e quebrou a clavícula. Atendido no setor de emergência do hospital, foi tratado por um ortopedista que fixou seu osso com um pino de metal, utilizando para isso apenas anestesia local. Como meu irmão estava gordo demais, os médicos tinham receio de utilizar anestesia geral e provocar uma parada cardíaca. E ainda que tenha sofrido uma verdadeira cirurgia óssea com o alívio apenas de um anestésico local, meu irmão não relatava ter vivido muita dor nem ter se incomodado muito com aquilo.

Nesta época, como meu pai estivesse velho, muito gordo e com problemas no joelho, meu cunhado foi trabalhar com ele na administração das fazendas. Aos poucos, a gerência geral das fazendas passou a ser dele, supervisionada por meu pai.

As fazendas de gado eram quatro: a de meu pai, a de minha irmã, a de meu irmão e a minha. Foi nessa época que os problemas começaram. Como meu cunhado era o gerente de todas as fazendas, tinha acesso a todo o dinheiro destinado às benfeitorias, dinheiro este que era fornecido por meu pai. E, em vez de trabalhar no beneficiamento de todas ao mesmo, tempo, aplicou todo o capital da melhoria em sua própria fazenda (dele e de minha irmã), em detrimento da dos outros.

Quando meu segundo filho nasceu, eu tinha 32 anos. Foi quando meu pai me chamou, dizendo que iria finalmente nos entregar as fazendas de gado que havíamos recebido de nosso avô ao nascer.

Fiquei muito contente com a notícia e viajei para a cidade de meus pais, onde seria feita a reunião familiar e a entrega dos bens para cada um de nós, os filhos.

Assumir a posse daquela fazenda significaria para mim a autonomia financeira e a independência do emprego no banco, há muito sonhadas; seria a possibilidade de viver de escrever, desejo acalentado há tantos anos. Acima de tudo, seria a oportunidade de reparar um pertencimento que sempre me fora negado: a possibilidade de ser herdeiro e livre ao mesmo tempo, a chance de dar à minha herança o sentido que eu quisesse e que resolvesse dar.

Mas, em vez de representar tudo isso, essa apropriação tardia significou o começo do fim. Do meu próprio fim.

2 - HERANÇA E ADOECIMENTO

Minha viagem para a cidade de meus pais foi um evento infeliz. Ao chegar lá, esperamos ainda alguns dias para que todos estivessem na fazenda, para então meu pai iniciar a doação do que era nosso desde o princípio.

A doação dos bens foi um episódio desastrado. Foi quando descobri que minha irmã e meu cunhado tinham uma fazenda completa, bem equipada, com gado gordo, cerquinhas pintadas de branco e pasto verdejante, enquanto a minha e a de meu irmão estavam cobertas de pragas, tinham gado magro e doente, pastos cobertos de pragas e nenhum beneficiamento. De tudo o que havia sido doado por meu pai (em dinheiro) para ser aplicado nas três fazendas, havia sido usado exclusivamente na fazenda de minha irmã e de meu cunhado. Simplesmente porque ele estava administrando-as há alguns anos. E meu pai sabia de tudo todo o tempo, nada havia sido feito na surdina ou às escondidas.

Voltei para casa infeliz e muito revoltado. Meu cunhado havia me traído, havia lesado meu irmão e eu substancialmente, em favor próprio.

Disse isso a eles e meu pai prometeu nos compensar com o passar do tempo, continuar me ajudando a eliminar as pragas das minhas terras, continuar contribuindo financeiramente com a limpeza de meus pastos e os de meu irmão.

Meu cunhado era genro e não filho, o que gerava um respeito tácito em meu pai: ele havia nascido e crescido em um lar de "tias", havia sido paparicado como o caçulinha, o que o fazia respeitar tremendamente outros homens, principalmente os que não fizessem parte da família. No fundo, meu cunhado havia tido uma atitude agressiva, competitiva e dominante, impondo uma virilidade que havia sido sempre negada a meu pai. A regra número um de minha família era comportar-se de forma cordata, conciliatória, colocar-se sempre em segundo plano, respeitar servilmente aos superiores (que era o que ele havia feito a vida inteira em relação a meu avô). Mas, uma vez no poder, a regra era abusar dele, comportar-se de forma dominadora e violenta, concentrando-o e jamais entrando em entendimento. No fundo, meu pai sonhava em ser o déspota que ele havia sempre complementado na relação com o exército (que ele havia servido por dois anos, quando jovem) e na relação com o sogro, meu avô.

Sendo meu cunhado um "estrangeiro" (não pertencente à família e oriundo de outra cidade que não a nossa), tendo se comportado de forma competitiva e agressiva nos negócios que eram de todos, gerou uma grande admiração e respeito velados em meu pai, de modo que ele cedeu às decisões de meu cunhado, ainda que em meu prejuízo e de meu irmão.

Minha fazenda ficava a 1800 km da cidade onde eu morava. E como meu irmão iria agora administrar sua própria fazenda, pedi a ele que administrasse também a minha e eu o pagaria por isso. Vivemos nesse esquema por alguns anos, mas os negócios estavam sendo muito deficitários: eu mal conseguia pagar as despesas da fazenda e, durante alguns meses, nem mesmo pude pagar meu irmão pelos serviços que ele gentilmente me prestava. Comecei a perceber que em um curto tempo eu teria mais despesas do que lucro e não sabia como resolver aquele impasse. Até que minha mulher sugeriu que eu vendesse a fazenda e investisse o dinheiro em algum outro negócio na cidade onde morávamos.

Não me sentia autônomo o bastante para tomar uma decisão dessas sem a anuência de meu pai. Ainda que as terras fossem minhas, ainda que eu só precisasse decidir e fazê-lo, nunca consegui tomar atitude alguma sem que meus pais concordassem comigo.

Nesta época, outra perturbação familiar começou a se manifestar: minha mãe contou a todos nós da família que meu pai estava devendo uma pequena fortuna ao banco e que teria de vender sua fazenda para pagar a dívida. Nós, seus filhos, não entendemos onde ele havia investido tanto dinheiro e perguntamos a ele muitas vezes, sem resposta da sua parte.

Algum tempo depois conclui que meu pai havia tomado dinheiro emprestado do banco para fazer as melhorias nas fazendas, mas que todo aquele dinheiro havia sido empregado somente nas terras de minha irmã.

Eu estava cansado de ter uma fazenda deficitária. Então, numa das vezes em que meu pai veio nos visitar, quase que empurrado por minha mulher, disse a ele que havia pensado em vender minha fazenda. Falei com medo, gaguejando, como se fosse apanhar. Sua reação foi a mais antipática possível, como era de se esperar. Eu estava mexendo nos cânones fundamentais de minha família: vender terras era uma das coisas mais abominadas por cada um dos nossos. Meu pai me respondeu simplesmente:
— Se quiser vender, vá lá e venda. Eu não vou mexer um dedo pra te ajudar. Além do mais, sou contra.

Nunca suportei a discordância de meus pais. Eu me sentia ameaçado de banimento, esse sempre havia sido meu principal sentimento: o medo de banimento, algo que me acompanhava desde a mais tenra idade.

Sentia no tom de voz de meu pai que era esta a ameaça, mais uma vez. Então, recuei. Abandonei a ideia, como um dia havia abandonado a ideia de publicar meu livro. Eu não conseguiria jamais desafiar meus pais e correr o risco de ser desaprovado.

Sendo assim, desisti. Continuei a administrar minha fazenda indiretamente, à distância, por meio de conversas telefônicas com meu irmão.

Nessa época, minha terceira filha nasceu. Minha vida passou por um novo período de calmaria. Morava numa grande capital, quem administrava minhas terras agora era meu irmão, eu continuava trabalhando no banco e minha vida familiar estava calma e harmoniosa.

Quando minha filha caçula tinha três anos, começou a viver uma crise muito dolorida: tinha pesadelos, choros muito sentidos em diferentes horas do dia e nas mais variadas situações e começou um questionamento constante a respeito da morte. Ela perguntava a mim e a minha mulher sobre a morte de animais e de plantas, sobre sua própria morte, sobre a nossa morte, a morte dos irmãos.

Era comum que essas conversas terminassem com minha filhinha chorando com muita tristeza, inconformada e dizendo:

— Mas mamãe, eu não quero que você morra, não quero que ninguém morra. Nem você, nem eu, nem o papai.

Sua crise durou cerca de dois anos.

Um dia, um evento decisivo mudou o rumo de tudo: meus pais haviam comprado um apartamento em nossa cidade, o que possibilitava que passassem temporadas ali, mais perto de mim e de meus filhos.

Era hora do jantar e eu preparava um lanche para todos nós, na cozinha de minha casa. Meu pai e minha mãe haviam chegado de sua cidade na véspera, nos visitavam aquela tarde e assistiam televisão na sala. Num dado momento, meu pai se levantou da poltrona da sala, veio se sentar na cozinha e disse:

— Sabe, Ares, sua irmã e seu cunhado venderam muito bem a fazenda deles, por um preço milionário. O comprador é um homem muito rico, que pagou à vista. Não é ótimo?

Fiquei tonto. Pensei que fosse cair. Era como se meu pai tivesse me dado um soco no estômago. Subi para o meu quarto. Atônito, resolvi tomar banho. Senti que minha cabeça ia explodir depois de ter ouvido aquelas palavras. Chamei minha mulher no banheiro e contei a ela o que havia acabado de escutar.

Ficamos durante algum tempo conversando no quarto, para que eu pudesse assimilar os fatos, me acalmar. Havia um turbilhão dentro de mim, tudo ao mesmo tempo: ódio, revolta, indignação, humilhação, mágoa.

Meu pai havia me traído pela segunda vez. Havia se endividado, dilapidado o patrimônio familiar vendendo sua fazenda e praticamente havia dado todo o dinheiro à minha irmã, no beneficiamento da fazenda dela.

Conversei com minha mulher. Ela tentou me acalmar, mas eu não conseguia e disse isso a ela: minha cabeça parecia que ia explodir. Minha mulher me perguntou o que eu pretendia fazer e eu disse a ela: brigar. Pretendia brigar, abrir guerra contra minha família, mas só se pudesse contar com a ajuda dela, para brigar junto comigo.

Minha mulher me respondeu que estaria ao meu lado em qualquer situação e que se eu resolvesse guerrear, que poderia começar: a partir daquele momento ela seria meu pai, minha mãe, meus irmãos e que, portanto, eu jamais ficaria sem família. Fomos para a sala e comecei a brigar com meu pai. Chorei, gritei, acusei-o de ter me prejudicado em vez de defender meus interesses na minha ausência, quando meu cunhado me roubou.

Num dado momento, minha mulher disse em alto e bom som, para que todos ouvissem:

— Ares, a verdade é que seu pai gosta mais do seu cunhado do que de você.

Respondi também em alto e bom som:

— Ele que enfie o amor dele no rabo. Quero só o que é meu por direito, não preciso do amor dele pra nada.

Depois de uma briga acalorada de gritos, choros e palavras violentas, levantei, fui até a porta, abri e mandei que saíssem de minha casa. Os dois fizeram isso. Ao passar por mim, meu pai se voltou para minha mãe e disse:

— Se era para ouvir desaforos como estes, não deveríamos ter vindo.

Não pude sustentar por muito tempo a guerra que eu mesmo havia começado. Algumas semanas depois eu me corroía de culpa e, ao primeiro telefonema de meu pai, voltei atrás e comecei a chorar ao telefone.

Continuei, porém, reivindicando que ele nos ressarcisse dos danos causados e que deixasse seus bens em testamento só para mim e para meu irmão, uma vez que já havia dado a parte de minha irmã em vida. Todas as vezes que eu lhe disse isso, meu pai repetiu que não faria, que minha reivindicação era injusta.

Da última vez que me ligaram de lá, era minha mãe que estava ao telefone. Desta vez, reivindiquei as mesmas coisas a ela.

77

Disse-lhe que a herança na verdade vinha da família dela, que ela era a mulher dele e que deveria convencê-lo a agir com justiça. Eu havia sido lesado e eles não se mostravam dispostos a corrigir isso. A resposta de minha mãe, no entanto, foi mais violenta e cabal que todas as de meu pai.

Alguns dias depois desta última conversa que tive com ela ao telefone, recebi uma carta sua, que dizia o seguinte:

"Ares, você tem reclamado que fomos injustos com você, que nós o prejudicamos em favor de sua irmã e que você quer ser compensado por isso.

Pois bem, enumero aqui todos os bens que demos a você desde que você nasceu, para que você veja como foi "injustiçado":

1 - Roupas
2 - Comida
3 - Um jogo de malas
4 - Uma viagem de intercâmbio aos Estados Unidos
5 - Roupas de cama e cobertores
6 - Móveis e objetos para sua "república"
7 - Dinheiro para você e sua família no início de sua vida de casado, quando você não ganhava o suficiente para seu sustento e o de sua família
8 - Todos os móveis e objetos de sua casa
9 - Um carro zero quando você se formou
10 - Parte do dinheiro da venda da nossa fazenda
11 - Malas de roupas e de objetos de uso pessoal... etc, etc, etc..."

... A lista era longa.

Quando acabei de ler, fiquei imóvel, olhando para o chão. Eu estava em choque.

Minha mulher estava ao meu lado e, ao ver minha expressão, perguntou:

— O que você está sentindo?

— Raiva, mágoa, humilhação. *Se eu pudesse devolvia a vida, porque foram eles que me deram.*

3 - O POSITIVO DO NEGATIVO

Não consegui encontrar resposta àquela carta dentro de mim.

Uma manhã, ao sair para o trabalho, me despedi de minha mulher, dizendo:

— Desisti de tudo. Para mim, agora, tanto faz.

Era o limbo. Não conseguia encontrar saída para os sentimentos que aquela carta havia despertado em mim. Mais uma vez eu não podia me defender. Sentia que estava sendo atacado, como havia sido tantas e tantas vezes por meu pai (nas surras), e por minha mãe (nas sujeições e chantagens emocionais); mas, mais uma vez, eu estava indefeso. Não tinha o direito de me defender. Não havia espaço para as minhas reclamações.

Três meses depois da noite da grande briga em minha casa, senti uma fraqueza muito grande no trabalho e quase desmaiei. Procurei a equipe médica do banco, que me examinou e pediu exames de sangue.

Descobri pelos exames que estava com uma anemia violenta, por causas desconhecidas. Procurei meu médico para continuar pesquisando as causas da anemia. O médico me explicou que eu poderia ter sofrido alguma hemorragia estomacal ou intestinal, única justificativa possível para uma anemia tão intensa como a que eu apresentava.

Fiz novos exames e uma endoscopia, os quais mostraram que meu intestino apresentava inúmeras microlesões decorrentes de um sangramento recente, causa da perda de sangue que eu

79

havia sofrido, e que havia deixado em seu lugar a anemia. Eu havia, literalmente, me esvaído, sangrado por dentro. Recebi tratamento adequado, tanto para evitar novos sangramentos, como para a anemia.

Cerca de seis meses depois, tive outra ameaça de desmaio, um episódio de fraqueza extrema e voltei a procurar o médico. Desta vez, o exame de sangue não acusou apenas uma anemia, mas outras alterações significativas: uma quantidade baixíssima de leucócitos e de plaquetas.

Na semana que antecedeu meus últimos exames (decisivos para o estabelecimento do diagnóstico), tive um sonho estranho. Sonhei que embaixo de nossa cama (minha e de minha mulher), alguém havia escondido algo e que esse algo era o responsável pelo meu enfraquecimento. No sonho, eu havia procurado pela casa inteira a causa de minha doença e finalmente havia descoberto: levantei o colchão e encontrei, com muita surpresa, um grande cristal verde, alongado, em formato de prisma. Era uma criptonita, a pedra que mina as forças do Super-Homem. Era ela a responsável por minha fraqueza e por minha doença.

O que mais me perturbou no sonho, porém, é que uma voz interna me dizia que aquela pedra poderia destruir minha família (mulher e filhos), prejudicando-os demais.

Quando acordei, contei este sonho à minha mulher e disse a ela que eu estava sendo muito onipotente e que aquele enfraquecimento estava vindo como forma de compensar a minha onipotência.

Eu não tinha consciência, na época, que estava considerando como onipotência a minha tentativa de me defender dos abusos de meus pais. A onipotência era deles, não minha. O que era minha era uma surda incapacidade de me defender, uma autossabotagem que minava minhas forças.

Na mesma semana que tive esse sonho, fiquei sabendo que estava com leucemia. O tipo mais grave delas. Fui internado no hospital e passei por um longo período de exames, seguidos pela primeira etapa da quimioterapia. Minha mulher esteve comigo todo o tempo, mas ainda assim eu sentia muita falta de minha casa. Depois da primeira sessão de quimioterapia, fiz novos exames de sangue e de medula óssea.

Uma troca de exames no laboratório do hospital fez com que eu recebesse os resultados de um vizinho de quarto em vez dos meus. De posse dos resultados trocados, o médico me comunicou que meu prognóstico era ainda pior do que o inicial e que a quimioterapia, em vez de ter debelado a doença, havia estimulado o aparecimento de novas células doentes, de variantes ainda mais lesivas do que as primeiras.

Naquela noite, não consegui dormir. Eu estava completamente apavorado com a ideia de morrer. Sentia-me escorregando de um penhasco, tentando me agarrar às graminhas do chão, que eram os relacionamentos significativos da minha vida. Ainda assim, eu caía, escorregava lentamente em direção ao abismo.

Mal o dia amanheceu, recebi a visita do médico, que nos revelou a troca de exames, e portanto, o erro no resultado e no diagnóstico. Fiz novos exames de sangue e de medula e constatou-se que eu havia tido um excelente resultado com a primeira etapa do tratamento e que poderia voltar para casa em breve.

Minhas defesas, no entanto, eram praticamente inexistentes: a quimioterapia havia destruído todas as células do meu sangue e eu não tinha leucócitos (glóbulos brancos), o que tornava necessário o mais absoluto cuidado de higiene para evitar infecções.

Voltar para casa me encheu de alegria. Por insistência de minha mulher, voltei a fazer psicanálise. Fiz uma entrevista com um psicanalista indicado por minha filha mais velha e retomei minha análise, que havia interrompido cerca de seis anos antes.

Minha mulher e a empregada haviam desinfetado a casa inteira, passando água sanitária nas paredes, no teto, no chão,

81

para matar os germes, arrancando o carpete, possibilitado a maior assepsia possível para mim. Eu estava feliz por estar vivo, esperançoso de que pudesse me curar.

Deveria voltar ao hospital, no entanto, para nova sessão de quimioterapia, dentro de um mês. Seriam cinco sessões ao todo, com intervalo de um mês entre uma e outra.

Era maravilhoso estar em casa com minha mulher e meus filhos. Nossa rotina era deliciosa, partilhar da companhia deles, um prazer extraordinário. Voltei a escrever.

Minha análise foi reiniciada nesse momento tão especial, quando eu estava me agarrando à vida da forma mais desesperada possível. Nessa ocasião, tive um sonho significativo: havia uma casa grande e antiga atrás da praça da República, que estava em reforma e estava sendo demolida. Eu estava na calçada, na frente da casa, e observava os restos de paredes ainda de pé, tijolos pelo chão, parte dos escombros que cobriam a estrutura ainda preservada. Eram os efeitos da primeira sessão de quimioterapia: haviam destruído parte de minha estrutura sanguínea, tentando uma "reforma" que pudesse salvar a casa. Eu entendi esse sonho claramente.

Depois da terceira aplicação de quimioterapia, como das outras vezes, voltei para casa. Eu me sentia tão bem e tão forte, que os médicos pediram que eu fizesse um exame muito sofisticado: uma espécie de mapeamento das células leucêmicas em todo o meu organismo. O resultado mostrou que eu estava com 100% das células do sangue saudáveis, sem traços da doença.

Ao ler essas palavras na tela de computador que minha mulher me mostrou, ajoelhei no chão e chorei. Eu pedia uma última chance, embora não compreendesse bem o que aquela doença significava para mim naquele momento. Eu implorava aos céus, dentro de mim, por uma segunda chance.

Depois de receber um resultado tão animador, retomei a escrita de meu segundo livro. Eu havia publicado meu primeiro livro (sobre filosofia chinesa), seis anos antes, mas queria reescrevê-lo. Planejei passar três meses em nossa casa de praia com minha mulher e filhos quando terminasse o tratamento. Eu estava cheio de esperança.

Foi então que tive outro sonho: eu estava na casa de um colega de faculdade, que oferecia um churrasco a todos nós, seus amigos. Porém, embora fosse o dono da casa, ele não ajudava em nada, ficava simplesmente andando de um lado para o outro, esperando que todas as outras pessoas fizessem tudo, do preparo à limpeza, como se não estivesse em sua própria casa. Havia um elemento perturbador nesse sonho: esse meu colega de faculdade, na realidade, tinha um defeito no braço direito, o que o impedia de usá-lo normalmente. Seu braço era muito atrofiado e, embora pudesse movimentá-lo, não contava com uma boa coordenação motora.

Fiquei um pouco perturbado com este sonho, embora não o entendesse bem.

Em todos os períodos de hospitalização, tive oportunidade de pensar e de escrever. O pavor inicial que havia sentido diante da ideia de morrer havia desvanecido com o tempo e, nesse ponto do tratamento, eu apenas evitava pensar no assunto quando me via sozinho. Olhando pela janela do meu quarto de hospital, assistia às pessoas andando na rua, vindo e indo ao ponto de ônibus e sentia inveja. Inveja de como podiam se movimentar, inveja de como podiam estar entre outras pessoas, conversar, andar, trabalhar, tomar sol.

Um dia no hospital, contei à minha mulher sobre umas coisas que havia pensado: sobre o prazer que havia sentido naquela manhã, quando pensei que pudesse morrer e no quanto isso deixaria minha mãe triste. Imaginei a cena, imaginei a mim mesmo morto, imaginei o quanto minha mãe choraria por mim e isso me deu certa alegria. Ao perceber o quanto aquela ideia havia me alegrado, fiquei assustado. Minha mulher também se assustou e me disse para conversar sobre aquilo com meu analista, já que agora eu estava fazendo análise outra vez. Notei que ela havia ficado triste com o que eu havia lhe contado.

   Durante meus períodos de hospitalização, minha mãe costumava me visitar todas as tardes, mas minha alegria em vê-la durava exatamente dois minutos, pois logo ela começava com seus intermináveis assuntos sobre o sucesso profissional de algum executivo de sua cidade, que estava ganhando milhões depois de um golpe qualquer, que havia comprado algum carro importado novo ou algo do gênero. E eu, de repente, via minha atenção se dissipando pela rua, pela copa das árvores do jardim do hospital, céu azul, nuvens... Sempre fui muito tolerante às provocações de minha mãe, aos cutucões sutis que ela sempre me deu ao longo da minha vida, na tentativa de "atiçar minha ambição", como ela mesma dizia... Mas agora que eu estava doente, essas sessões de "estímulo à minha ambição" estavam se tornando verdadeiras torturas. Ela continuava — como sempre — preenchendo nossos encontros com todos os assuntos de dinheiro que ela conhecia: histórias de enriquecimentos fabulosos, sucessos industriais retumbantes, lucros desmedidos, reformas luxuosas em mansões no exterior e tudo o que pudesse sugerir que eu estava sendo um verdadeiro fiasco econômico, alguém muito aquém de tudo o que ela sempre havia um dia sonhado como um bom futuro para um filho.

   Todas as vezes que eu voltava para casa, depois de uma internação de um mês para receber a quimioterapia, era uma verdadeira maravilha. Eu adorava voltar, imaginava estar curado e não ter mais nem de me lembrar do hospital.

   Certo dia, meio da tarde, me preparei e fui para a sessão de análise, acompanhado de minha filha. Como eu ainda estava muito fraco, andava sempre acompanhado por alguém de casa, um dos meus filhos ou minha mulher.

A narrativa de uma vida – A vida de uma narrativa

Ao chegarmos ao consultório do analista, esperamos alguns minutos na sala de espera. Ele me atendeu normalmente, como fazia todas as quartas-feiras... só que não era quarta e, sim, terça-feira! Ao encerrar a sessão foi que me dei conta que eu havia adiantado em um dia o meu horário. Naquela sessão, tive lembrança de dois episódios marcantes de minha infância: o evento do terninho que sujei com a terra do quintal para não ter de usar e outro, que se passou no pomar da casa de minha avó paterna. Quando eu era criança, costumava passar parte das férias de fim de ano na casa dela (onde meu pai havia nascido e crescido). Eu tinha por volta de doze anos e estava lá em férias. Fazia calor, o pomar estava ensolarado e repleto de frutas. Não havia ninguém no quintal, nem na varanda, nem em lugar nenhum dos fundos da casa.

Aproveitando a solidão momentânea e convidativa, tirei a roupa e subi numa mangueira enorme, a maior que havia no pomar. O fato de estar nu ao ar livre e trepado na maior árvore do quintal era muito excitante e fiquei algum tempo ali, aproveitando o tesão, a sensação de liberdade, o calor, a altura.

Mas, de repente, vi minha tia mais velha aparecer, andando entre as árvores, cutucando o chão com uma vara. Ao passar pela árvore onde eu estava trepado (e ao pé da qual minha sandália e minhas roupas estavam amontoadas), minha tia passou reto, fingiu que não viu. Era evidente que ela havia visto minhas roupas e compreendido tudo, mas preferiu ser discreta e disfarçar. Senti gratidão por ela.

O fato de meu analista não ter apontado meu engano e ter me recebido da mesma forma (receptiva) em um horário que não era o meu significou uma aceitação da parte dele semelhante à de minha tia, que me levou a concluir algo que eu jamais tinha podido concluir na vida, durante todos aqueles anos: eu nunca tive o direito de me defender.

Ter de sujar o terninho "piniquento" para conseguir me livrar de usá-lo sempre havia me deixado culpado. O fato de eu me defender sujando o terninho deixou em seu lugar uma autorrecriminação e uma culpa profunda, provas evidentes do quanto eu mesmo não me dava o direito de defesa. Cresci absolutamente indefeso aos dogmas familiares e corroborando emocionalmente meu não direito à defesa.

Além disso, minha tia havia fechado os olhos à minha "trepada" na árvore, atitude muito distinta das de meu pai, que me bateu todas as vezes que eu havia subido no telhado.

Trocar o horário da sessão e mesmo assim ser bem recebido por meu analista, possibilitou o surgimento das duas lembranças, assim como a conclusão mais importante de toda a minha vida: eu compreendia, então, de onde vinha a falência de meu sistema de defesas, a derrocada de minha imunidade, presentificada em meu corpo com aquela doença horripilante, que eu nem mesmo conseguia mais pronunciar o nome...

Eu entendia, afinal. Embora fosse tarde demais.

4 - HERANÇA E LAÇOS DE SANGUE

Uma espírita foi me visitar no hospital e me segredou algo que me fez muito bem. Essa mulher costumava visitar os doentes que estavam internados no mesmo andar que eu, para oferecer consolo, companhia, algumas palavras de ânimo. Contou-me que algumas noites antes havia tido uma imagem: havia me visto, em sonho, cercado de pequenas luzes multicoloridas, tantas e numa profusão tão grande de cores, que ela se admirou: eu parecia uma árvore de Natal.

Fiquei agradecido pelo fato de a mulher ter ido me visitar e ofertando essa imagem. Na opinião dela, eram anjos que me cercavam por todos os lados. Naquela noite, dormi vendo luzes multicoloridas, absolutamente relaxado diante daquela imagem.

A leucemia é uma doença maliciosa e sub-reptícia. Vem quando menos se espera, manifesta-se por meio de sintomas diáfanos, como um desfalecimento, um desmaio, um torpor. Mas pouco a pouco rouba a vitalidade de maneira cabal, sempre com uma aparência suave.

Depois das cinco sessões de quimioterapia voltei para casa, para me recuperar e esperar ter as condições físicas necessárias para fazer o transplante de medula óssea.

Todos de minha família, mulher e filhos, pais e irmãos, foram informados sobre a importância do transplante de medula, que seria a última etapa do tratamento e algo que me daria uma chance maior de recuperação e cura. Mas, para isso, seria necessário encontrarmos um doador compatível.

Mais uma vez, minha herança voltava ao primeiro plano: os primeiros doadores em potencial seriam meus irmãos, seguidos de meus pais. Foi o que os médicos me explicaram. Eu estava diante, mais uma vez — e desta vez de maneira dramática — de meus laços de sangue e de minha herança genética. Só alguém que tivesse exatamente o mesmo código genético meu (ou seja, uma medula óssea idêntica à minha) poderia ser meu doador. Minha família de origem foi toda convocada a comparecer no hospital para fazer exames e verificar a possibilidade de doação.

Nesse período, desabafei com minha mulher: ainda que minha mãe fosse a doadora possível eu não aceitaria.
Meus filhos também foram pesquisados, em busca de doador possível. Nenhum deles era compatível.

Eu não tinha doador. Iniciamos a busca nos bancos de medula internacional, mas a possibilidade de encontrar uma medula compatível fora dos laços consanguíneos é quase nula, ou ínfima.

Diante disso, decidi fazer o transplante autógeno: parte do meu sangue seria retirado e congelado. Eu faria uma quimioterapia violenta que destruiria todas as células do meu sangue e depois receberia de volta meu próprio sangue, que havia sido retirado e congelado anteriormente.

O raciocínio médico é que as células de medula óssea que estivessem em minha amostra de sangue seriam como que "replantadas" em mim e recomeçariam a produzir células novas depois do organismo ter sido absolutamente "limpo" da doença.

Duas semanas depois do transplante autógeno eu comecei a ficar muito fraco, já não conseguia me levantar da cama todas as manhãs, sentia muito frio e tive o seguinte sonho: eu via um menino de cerca de 5 ou 6 anos coberto de sangue e de hematomas e sentia muita pena dele. Aproximava-me dele, tentando ajudar. Mas o menino estava tão machucado, que o menor movimento meu em sua direção o fazia sentir dor, o que me deteve na tentativa de socorro. No sonho, eu lhe perguntava o que havia acontecido, por que ele estava tão machucado, mas não obtive resposta. Eu sabia, porém, o que havia acontecido com ele... aquelas eram as marcas das surras que meu pai havia deixado em mim. A cena do sonho mudava: eu abria um armário de minha casa, próximo à cozinha (que é onde guardávamos doces, chocolates, bombons) e via no chão do armário uma coelhinha cinza adulta apavorada, tentando se esconder dentro de uma caixa. Eu sentia muito amor por ela e me abaixava para vê-la melhor: era uma fêmea, que tentava proteger os três filhotes, escondendo-os embaixo de si. Ela estava muito assustada, molhada, com frio e sem condições adequadas para cuidar dos filhotinhos.

Acordei chorando: aquela coelha era minha mulher e os filhotinhos, meus filhos. Chorei muito ao lado de minha mulher.

Algumas semanas antes de ir para o hospital, minha mãe me visitava em casa todas as tardes. Meus pais estavam na cidade, no apartamento deles, e acompanhavam de perto meu tratamento.

E com essa convivência próxima, minha mãe um dia criou uma fofoca qualquer com a empregada, envolvendo minha sogra, o que deixou minha mulher muito aborrecida e o clima da casa agitado: a empregada ameaçou ir embora, o que seria péssimo num momento como aquele, em que eu estava doente.

Quando meus pais voltaram para a cidade deles, resolvi escrever uma carta à minha mãe, reclamando dos problemas que ela havia causado em minha casa, fazendo fofocas com a empregada. Escrevi uma longa carta criticando-a, dizendo que o que ela tinha feito era coisa de gente pequena, de vida mesquinha. Envelopei e pus no correio.

No dia seguinte ao sonho do menino machucado, fui ao hospital fazer uma endoscopia. Diante do resultado, os médicos pediram que eu ficasse internado.

Minhas forças se esvaíam lentamente. Numa manhã no hospital, assim que acordei, contei à minha mulher que havia tido o seguinte sonho: eu havia sido envenenado, alguém havia posto veneno no meu sangue e os resultados dos exames mostravam isso. Minha conclusão é que eu estava me sentindo culpado por ter enviado a carta à minha mãe, brigando com ela. O castigo era ter o sangue envenenado.

Minha mulher telefonou imediatamente para meu irmão, que esperou o carteiro na frente do prédio de minha mãe, recebeu a carta antes dela e entregou-a à minha mulher, em mãos.

No dia seguinte, eu mal conseguia abrir os olhos, tantos eram os analgésicos que estava tomando. Mas pude ouvir com alívio a voz de minha mulher me dizendo no ouvido:

— Fique tranquilo, seu irmão interceptou a carta antes que sua mãe a lesse e ela agora está comigo.

Como se estivesse dando espaço ao menino machucado de meu sonho para se manifestar, na tarde daquele mesmo dia comecei a sentir dores lancinantes nas pernas e nas costas. Chorei, gritei, urrei de dor, até que pedi para dormir. Implorei para dormir. Eu não aguentava mais sentir dor.

Deram-me analgésicos fortíssimos e quando as dores cessaram, aproveitei que minha filha mais velha e minha mulher estavam ao meu lado, e disse:

— Filha, se eu não sair dessa... eu quero que vocês sejam felizes. Porque se vocês não forem felizes, a minha vida não fez o menor sentido.
Olhando para minha mulher, disse a ela:
— E você, cuide disso.
Depois de ficar ao meu lado por algumas horas enquanto eu descansava, minha mulher me perguntou o que eu estava sentindo:
— Um leve desconforto no corpo inteiro. — respondi.
Eu falava com muita dificuldade, sentia um cansaço imenso, mas não sentia mais dor. Nem medo. E aproveitando o silêncio dentro e fora de mim, fechei os olhos e afundei devagar num sono denso, vendo luzes fugazes como as que a espírita me havia descrito... cores tênues, ondas, luminosidades incertas, imagens difusas, sons fugidios, gotas, cortinas vaporosas...

• • •

Durante as 24 horas em que esteve em coma — e como era quarta-feira —, Ares recebeu uma visita muito especial: a de seu psicanalista. A filha de Ares havia lhe telefonado dizendo que o pai não poderia comparecer à sessão, porque estava em coma.
O psicanalista chegou ao hospital pouco depois do horário em que Ares teria sessão. Estava visivelmente triste e surpreso com a notícia, já que uma semana antes Ares parecia esperançoso e bem disposto na sessão, além de se dizer praticamente curado.
Depois de cumprimentar as pessoas da família que estavam presentes, o psicanalista aproximou-se da cama de Ares e lhe disse em voz baixa:
— Olá, Ares. Sou eu, seu analista. Como hoje é quarta-feira e você não pôde ir à sessão, eu vim.
Ares faleceu de madrugada, depois de estar em coma induzido por 24 horas. Morreu enquanto dormia o sono profundo produzido pela morfina, sem entubação, sem receber a

administração de nenhum tipo de medicação adicional. Sua respiração ritmada foi se espaçando lentamente, pouco a pouco, até que não voltou mais.

Cerca de dois anos depois de sua morte, os pais de Ares enviaram um pedido formal à sua mulher, por intermédio do advogado da família de Ares (mulher e filhos), de que pretendiam exumar e trasladar seu corpo, para que fosse sepultado em sua cidade natal, uma vez que ele estava sepultado na capital, onde havia morado durante quase trinta anos e constituído família. Sua mulher negou o pedido, sem maiores explicações.

Ela e os filhos sabiam o quanto seria importante para Ares estar sepultado em um lugar novo, um lugar onde ele tivesse podido construir sua própria história, num túmulo que representasse seu lugar legitimamente conquistado, ganho por vontade e esforço próprios.

E ainda que Ares não tivesse podido marcar território em vida, marcou-o na morte; ele havia sido o ponto final de uma história e o ponto inicial de outra: uma narrativa terminava nele, outra completamente diferente se iniciava depois dele, transformada.

91

III

ADOECIMENTO: PSICANÁLISE E MEDICINA

1 - O SILÊNCIO DA MEDICINA

> Tudo é símbolo e sábio é quem lê em tudo.
> (Plotino)

Georg Groddeck sempre demonstrou interesse pela pesquisa etimológica, pois, segundo ele, quando buscamos a origem das palavras nos deparamos com algumas surpresas, já que as palavras são geradas fundamentalmente pelo Isso, ou Inconsciente. E Groddeck era médico, portanto um guia seguro a nos ajudar numa busca de sentido como esta, uma vez que estava voltado para uma compreensão de tudo aquilo que a medicina tradicional costuma varrer para baixo do tapete, quando se fala em adoecimento.

A etiologia das doenças (etiologia, s.f., do grego *aitiologia,* pelo latim *aetiologia:* 1. Estudo sobre a origem das coisas; 2. A parte da medicina que trata da causa de cada doença), é uma área de estudo da medicina tradicional que enfoca "a doença" ou as "síndromes" (síndrome, s.f.: conjunto de sintomas que aparecem sempre juntos), em detrimento da compreensão do doente em pessoa, também chamado de "paciente" (paciente, do lat. *patiens, entis,* part. pres. do Lat. *pati,* "sofrer", "padecer", "aturar").

Assim, nossa reflexão se torna distinta do foco principal da medicina tradicional, uma vez que não é de nosso interesse focalizarmos a "doença" como um fenômeno considerado em si, circunscrito, delimitado e definido nosograficamente, como se a doença fosse uma "personificação" em si mesma (quase uma "personagem"), mas sim de compreender um ser humano e sua história, com todas as manifestações e expressões que levaram o Inconsciente a se expressar nele por meio do processo do adoecimento, como escreveu Groddeck (1992).

O tratamento de distúrbios orgânicos e sua cura estão submetidos à lei da transferência. Quem conhece esta lei não deve esperar que eu fundamente minhas afirmações através de exemplos. [...] quero chamar a atenção para uma forma especial de transferência, muito importante para tudo o que é orgânico: a transferência do objeto ao sujeito, uma transferência que traz o elemento externo para dentro do sujeito, um apropriar-se do objeto, uma espécie de imitação inconsciente. Isso é comum em casos de neurose, mas também se verifica na vida cotidiana [...]. Na área orgânica, pareceu-me que essa transferência não foi devidamente considerada, embora seja tão importante e tão rodeada de mistérios quanto a hereditariedade, que é um setor onde se acomodaram inúmeras fantasias leigas e científicas. [...] a aplicação da psicanálise aos distúrbios orgânicos segue as mesmas leis teóricas e obtém os mesmos resultados práticos positivos. (p. 72)

Groddeck ressalta a grande importância da transferência em qualquer tratamento. Vale lembrar que a transferência é um dos elementos mais desconsiderados pela medicina tradicional alopática. A própria medicina tem todas as pesquisas envolvendo o uso do placebo para mostrar a importância da transferência, mas mesmo os estudos científicos relacionados a isso, em geral, são vistos como "mais uma fantasia leiga ou científica", como escreveu Groddeck.

No entanto, não é um bom método isolarmos parte dos dados de um determinado evento tornando-o uma colcha de retalhos dissecada, como um motor de carros desmantelado. Desconsiderar a transferência é desconsiderar parte essencial do tratamento.

Todo e qualquer evento deve ser considerado também enquanto narrativa, com começo, meio e fim, como no exemplo dado por Aristóteles de um vaso que cai de uma janela.

Essa ressalva pode parecer banal, mas é fundamental em psicanálise. Há até a seguinte anedota, bem conhecida em epistemologia: um homem perdeu uma chave. Era noite e havia um único poste iluminando a rua, todos os outros estavam apagados. Então ele começou procurar a chave sob a luz daquele único poste iluminado. Outro homem que passava lhe pergunta:

— O que está procurando?

— A minha chave.

— E você a perdeu aqui?

— Não, mas esta é a única parte iluminada da rua.

Já consideramos a questão da narrativa e sua importância para entendermos a história de Ares. Vejamos agora a questão da medicina. Por ter adquirido uma doença grave, Ares foi hospitalizado e tratado apenas por médicos e enfermeiras, todo o tempo.

No entanto, se formos buscar o sentido de seu adoecimento na medicina, não encontraremos muito coisa, ou, muito provavelmente, não encontraremos coisa alguma.

Buscá-lo na medicina seria o mesmo que procurar a chave perdida sob o único poste iluminado da rua, ainda que a chave não tenha sido perdida ali. Seria, também, a morte da narrativa, o mesmo que isolarmos um dos elementos da história — o somático —, e tomarmos apenas uma das personagens da história considerando-a a história inteira. Como se não houvesse ligação alguma entre os fatos, seria como limitar o processo de adoecimento apenas a alterações de algumas células sanguíneas que ocorreram num determinado ponto aleatório de uma vida. Seria o mesmo que isolarmos um único elemento do fenômeno. Pois bem, é exatamente esta a diferença essencial existente entre o método empírico cartesiano da medicina e o método psicanalítico.

Para entendermos nosso personagem principal, Ares, cujo inconsciente manifestou-se por meio dessa enfermidade, é preciso que nos debrucemos sobre ele, que é alguém que sofre e que padece de um mal. Se ampliarmos nossa visão, é impressionante constatarmos a coerência de sua doença com o resto dos acontecimentos presentes em sua vida. Parafraseando José Ângelo Gaiarça em uma palestra aos universitários de psicologia, *o inconsciente está na cara*, nunca muito escondido, nem muito difícil de ser percebido. Mas nem todos têm olhos ou ouvidos para ele... *quem tem ouvidos, que ouça...*

Para Groddeck (2004), adoecer é o alerta de que estamos vivendo mal. É um "chacoalhão" da vida para nos recolocar alertas para um distanciamento excessivo de nossa origem primordial, a fonte do originário.

O fenômeno de adoecimento faz parte do todo que é a vida de uma pessoa, é um evento humano multifacetado e dotado de profundidade e de dimensões impossíveis de serem reduzidas a um conjunto de sintomas fisiológicos, químicos, carnais, delimitados por uma estrutura somática, como se fossem uma desordem inesperada e súbita no funcionamento de uma máquina.

O "corpo" da medicina é um corpo fisiológico, bioquímico, anatômico, pluricelular, mas destituído de subjetividade.

Durante muitas décadas, o pensamento médico esteve baseado num sistema que classificava os acontecimentos dividindo-os em dois reinos: um orgânico e outro psíquico; ambos eram separados por um reino intermediário e impreciso chamado de reino nervoso. Este último foi o campo de trabalho de Freud, e as descobertas a seu respeito modificaram paulatinamente a imagem que os médicos faziam do mundo. A atuação nesse campo situado entre dois reinos aparentemente bem delineados é o que Freud denominou de psicanálise. [...] Enquanto se apagava desapercebidamente a fronteira entre "nervoso" e "psíquico", poupava-se com toda a cautela a existente entre "nervoso" e "orgânico"; desde o princípio, a psicanálise eliminou cuidadosamente tudo o que levantasse a menor suspeita de que acontecimentos orgânicos pudessem pertencer ao seu âmbito de atuação. Enquanto isso foi possível, a psicanálise o fez, mas a longo prazo não poderia dar certo. A antiga verdade, há muito conhecida, de que os processos orgânicos e psíquicos são diversos apenas na nomenclatura mas não em sua essência, impôs-se sob a pressão das descobertas freudianas, e o curioso é que não se impôs tanto no círculo dos psicanalistas profissionais que resistiram e se fizeram de surdos, mas sim entre os médicos da medicina interna, da ginecologia, cirurgia, oftalmologia e outras especialidades, quaisquer que sejam as suas denominações. (Groddeck, 1992, p. 159-160)

A visão que a modernidade tem do adoecer e do morrer advém da dicotomia gerada pelo Iluminismo do século XVIII, que cindiu os seres em "corpo e alma", cisão que teve consequências nefastas nos séculos subsequentes e que representa uma barreira na compreensão do adoecimento e da morte em nossos dias. Há um rechaço na modernidade diante da reflexão sobre o adoecimento e a morte. Vivemos uma época na qual a morte é um tabu, assim como as doenças. Todas as outras culturas que não a cultura moderna (culturas tribais da Nova Guiné, indígenas do Brasil central, tradicional hindu, tradicional chinesa, tradicional japonesa, indígena norte-americana, aborígene da Austrália etc.) encaram o adoecimento e a morte como experiências integradas a um desarranjo que é também fisiológico, social e espiritual, um desarranjo que é, antes de mais nada, subjetivo.

Em um artigo intitulado "As psicossomáticas", Paulo Schiller (2003) escreveu:

> Quando se fala das relações entre o psiquismo e o organismo é essencial delimitar-se de imediato que existe mais de uma psicossomática. A questão reedita a confusão que habitualmente vigora na definição dos fundamentos que sustentam a psiquiatria, a psicologia e a psicanálise. [...] A psicossomática médica é o receptáculo dos restos incompreendidos da medicina. [...] Se dizemos que a causa de um infarto do coração é a obstrução de um ramo das artérias coronárias, de novo excluímos o psiquismo como origem do evento orgânico. É clássico o estudo que demonstrou a altíssima incidência de placas de ateroma nas artérias de recrutas americanos na frente de batalha. A causa das placas reside na interação entre o psiquismo individual e as circunstâncias da vida ou do meio — a história passada e o momento vivido. O mecanismo da doença, este sim, é a presença da obstrução ou da contração das artérias que irrigam a musculatura cardíaca. (p. 28)

Como exemplo da repercussão dessa dicotomia ocidental *corpo-alma* (que, embora pareça essencialmente filosófica, manifesta-se em todas as áreas da vida moderna) e do descaso que a medicina tradicional tem pela transferência como fenômeno humano, tomemos a seguinte história — verídica — para ilustrar a ideia: um paciente foi internado na ala destinada ao tratamento da leucemia de um grande hospital de São Paulo, vindo da capital de um outro Estado brasileiro, onde morava com sua família.

Seu encaminhamento para este hospital havia sido feito pelos médicos de sua cidade natal, por ser um dos mais importantes e bem equipados no tratamento das leucemias e por ser um local que contava com uma das equipes tecnicamente mais bem preparadas ("cientificamente...") para o tratamento desta doença.

No dia seguinte à sua internação, a chefe e responsável pelo departamento, professora-doutora da universidade, visitou-o em seu quarto pela manhã, trazendo consigo o resultado de seus exames, para conversar com ele, dar-lhe o diagnóstico e as explicações relativas ao tratamento.

Por ser uma médica muito bem preparada "cientificamente", por ter uma formação "técnica" primorosa, a doutora dispunha de todo o arsenal teórico, fisiológico e terapêutico, tanto sobre a doença, como sobre todos os seus mais diversos e modernos tratamentos na atualidade. Porém, o que a médica não dispunha era de recurso emocional adequado para lidar com situações-limite, nem capacidades humanas básicas necessárias para lidar com experiências de fragilidade como esta.

Após dar o diagnóstico ao paciente e em seguida explicar a ele as diversas etapas do tratamento a que ele seria submetido nos meses subsequentes, a doutora saiu do quarto e continuou seu turno no hospital.

Duas horas depois de sua saída do quarto, aquele mesmo paciente dava entrada na unidade de terapia intensiva, pois havia sofrido um acidente vascular cerebral (AVC), após a conversa que havia tido com a médica.

A violência de tal medicina, balizada nas mais modernas técnicas de pesquisa de laboratório e nos mais exatos e apurados dados estatísticos, muitas vezes fica encoberta por uma aparência de eficácia prática que impede até mesmo seu reconhecimento.

Num evento como este, o fato de o paciente ter sofrido um AVC minutos depois de receber o diagnóstico e as explicações sobre seu tratamento da própria chefe do departamento do hospital, seria registrado, aos olhos da medicina tradicional, apenas como dois eventos concomitantes, não necessariamente relacionados entre si: conclusão própria das ciências empíricas

positivistas. Como já escreveu Susanne Langer (1971) em seu
Filosofia em nova chave:

> O empirismo genuíno é, acima de tudo, uma reflexão sobre a validade de nosso conhecimento sensorial, uma especulação sobre os modos como nossos conceitos e crenças se edificam a partir dos informes, fugazes e desconexos, que nossos olhos e ouvidos na realidade prestam à mente. O positivismo, a metafísica dos cientistas, não alimenta tais dúvidas e não suscita quaisquer problemas epistemológicos: sua crença na veracidade dos sentidos é implícita e dogmática. [...] Repudia os problemas básicos da epistemologia e nada cria exceto espaço livre para trabalho de laboratório. O próprio fato de rejeitar problemas, não respostas, mostra que, em seu crescimento, as ciências físicas estavam engrenadas para uma perspectiva inteiramente diversa da realidade. Elas possuíam as suas próprias assim chamadas "noções atuantes"; e a mais forte destas era o conceito de fato. [...] um matemático não pretende dizer nada acerca da existência, realidade ou eficácia das coisas em geral. Sua preocupação reside na possibilidade de simbolizar coisas, e de simbolizar as relações que elas podem contrair entre si. Suas "entidades" não são "dados", porém conceitos. Daí por que elementos tais como "números imaginários" e "decimais infinitos" são tolerados por cientistas para quem agentes invisíveis, poderes e "princípios" constituem anátema. As construções matemáticas são apenas símbolos; possuem significados em termos de relações e não de substância [...] (p. 30)

Em momento algum da conversa que acabamos de narrar entre paciente e médica ocorreu à segunda que o processo de adoecimento de seu paciente fosse um evento especial e coerente com o todo de sua vida, um momento, portanto, extremamente mobilizador de angústias sem nome e de pavores surdos, que se expressavam em uma condensação de emoções da ordem do terrível, do catastrófico e da morte. Muito menos ocorreu a ela que havia ali uma transferência em curso. Para a médica, era como se ela fosse o mecânico superqualificado, que estava apenas comunicando ao proprietário de um veículo que este sofreu avarias e que deveria ter algumas peças repostas. Sem considerar, em momento algum, que, em se tratando de seres humanos, "proprietário" e "veículo" são a mesma pessoa.

O episódio evidencia, também, o modelo teórico e metodológico de "corpo", com o qual trabalha o modelo mecanicista das ciências cartesianas, na qual um "espírito" ou "alma" anima uma "máquina" feita de carne, duas entidades distintas e no máximo sobrepostas ou apenas superficialmente ligadas.

Paulo Schiller (2003) continua:

> Alma e corpo. A partir de então separados. A substância extensa passa a ser o foco de estudo de uma nova ciência "objetiva". Essa díade está na origem da divisão entre corpo e mente que permeia a medicina e a psicologia. Corpo e mente. A mente como que pairando acima do corpo, exercendo uma dublagem dos fenômenos físicos. Palavras, pensamentos, imagens, sonhos e fantasias atuam sobre nosso organismo e determinam mudanças, transformações. Uma frase dita por alguém, as letras do texto de um livro, uma cena projetada em uma tela são conjuntos de símbolos, blocos de linguagem processados pelo nosso psiquismo, que interagem com o organismo. Nascemos imersos em um campo de linguagem. (p. 29)

O "corpo erógeno" da psicanálise diz respeito a um outro corpo e a outra forma de explicar a relação entre corporeidade e psiquismo, que não sobrevive cindida em duas instâncias distintas e meramente sobrepostas: ao nascer, o bebê, que é soma-psiquismo, vai se tornando pessoa graças ao contato amoroso do olho no olho e graças ao toque da mãe, que funda o surgimento do sujeito. Não é um "corpo" dotado de "alma", nem uma "alma" que carrega um "corpo", mas um ser único e inteligente, dotado de subjetividade e historicidade, sensibilidade, compreensão, que se desenvolve, se vincula, amadurece e se complexifica. Esse corpo erógeno, porém, não é continuo, sua "pele" é constituída subjetivamente e tem "furos", as angústias sem nome.

Uma das especificidades da clínica de Winnicott é o *continuum* que sua teoria oferece, com o conceito de espaço transicional. Toda a clínica winnicottiana se sustenta na noção de que "não existe o bebê sem a sua mãe", o que equivale a dizer que não existe homem sem o seu ambiente, não existe corpo sem o seu psiquismo, e ainda, não existe psiquismo sem o espaço transicional. Somos um *continuum*, a experiência psíquica é um *continuum* e, se esse *continuum*, por alguma razão, sofre um corte abrupto há um desarranjo, que pode ser recuperado, mas que pode significar uma ruptura de proporções catastróficas.

Podemos ter exemplos de rupturas em muitas experiências distintas, como por exemplo, na imigração, quando há um rompimento catastrófico do *continuum* indivíduo-sociedade, indivíduo-cultura. Ou quando há uma dicotomia entre a mãe e o bebê, nas hospitalizações precoces de um ou de outro, experiência que pode ser vivida como um extirpamento, ou quando há um rompimento da harmonia somatopsíquica, que não é outra coisa senão o adoecimento.

A leucemia de Ares teve esse aspecto de "enlouquecimento" do corpo, quando sua medula óssea passou a não ser mais capaz de produzir glóbulos brancos saudáveis para protegê-lo com eficácia das invasões ambientais.

Muito diferente de uma peça de carne, como as que vemos no açougue, o homem padece da ambivalência inerente à vida, como ressaltou Groddeck. E esta ambivalência inerente à existência, que no mais das vezes se expressa como um paradoxo, pode se expressar de forma doentia, como ocorre na dicotomia moderna existente entre corpo-alma, corpo-espírito. Uma dicotomia doentia porque está refletida em toda a sociedade e é reconhecível toda vez que adoecemos e que somos tratados por um médico: um médico que demonstra total desconhecimento do que seja a transferência.

A medicina tradicional, preocupada como está com as *relações* entre os *fatos* (no mais das vezes empíricos e sensorialmente comprováveis, como frequência, duração, intensidade, causa e consequência de um fenômeno chamado "doença"), carece da profundidade de uma reflexão que considere o paradoxo que significa o processo de adoecimento e morte. Na medicina, o gesto de se debruçar existencialmente sobre o paciente — aquele que padece, sofre, adoece — é a possibilidade de considerar a transferência como fenômeno humano, ponte possível para amenizar a lacuna existente entre medicina e psicanálise.

"Clinicar" (clínica, a partir do grego klin-, klino-, leito, repouso; e klinein, inclinar, dobrar, ou seja: inclinar-se ou debruçar-se sobre quem está no leito).

Possivelmente esta seja a razão pela qual, em pleno século XXI, alguns desses "fenômenos-doença", tão exaustivamente pesquisados em laboratórios (e também teoricamente), permaneçam um verdadeiro mistério mesmo para a ciência de ponta mais moderna: ratos contraem tumores em laboratório, são operados e têm esses mesmos tumores extirpados com as mais modernas técnicas químicas, cirúrgicas, o uso de bisturis a laser etc. Mas os tumores voltam a aparecer em outros lugares e em outras épocas: o "caráter" do doente não mudou.

As modernas pesquisas médicas sobre a leucemia têm resultados semelhantes às descritas acima sobre o câncer: sabe-se muita coisa sobre muitos tipos diferentes da doença e as pesquisas prosseguem exaustivamente em todas as direções, considerando todas as suas variações, sintomas, formas e origens. Mas se no início do século XX a dicotomia organismo-psiquismo era marcante, hoje é ainda mais acentuada, com o entronizamento da medicina de especialistas.

Mas, ainda que se possa contar com todo o sofisticado aparato técnico-científico da modernidade, o processo de adoecimento da leucemia e seu tratamento permanecem uma incógnita insolúvel, mesmo para a medicina de ponta mais moderna.

Como Paulo Schiller (2003) afirma, "a psicossomática médica é receptáculo dos restos incompreendidos da medicina" (p. 27). Dizer que uma doença é "psicossomática" pode significar muitas coisas, desde a justificativa nebulosa de algo que foge a uma explicação reconhecidamente científica, até um emaranhado de incógnitas que escapam às evidências orgânicas e laboratoriais.

A medicina explica os sintomas das doenças com fatos orgânicos, o que equivale a relacionar dois eventos causais: nesse tipo de explicação, o psiquismo está excluído, estamos diante de uma explicação mecanicista do tipo "carro quebrado por falha da peça". E ainda que nos últimos anos tenha havido uma ampliação na tentativa de compreender alguns adoecimentos por "causas psíquicas", não só o raciocínio continua sendo o de causa-efeito, como não contribui para um aprofundamento da compreensão: o *stress* causou a obstrução arterial, que causou o enfarte. Peças quebradas de um carro que funciona mal: um raciocínio que ainda destitui a subjetividade.

O mecanismo da doença e o surgimento dos sintomas ficam, assim, explicitados, mas sem reflexão e sem uma *metafísica*, ou seja, algo que possibilite o distanciamento do meramente físico, concreto. Nesse sentido, o que se faz é uma medicina de sintomas e de supressão de causas, o que no mínimo leva ao aparecimento de recidivas sem fim, uma vez que o caráter orgânico e psíquico do paciente não mudou, mas apenas as causas foram suprimidas, disfarçadas ou desviadas.

A psicologia insere-se nessa mesma ordem de diagnóstico e tratamento por fazer parte do mesmo universo epistemológico da coleta de "dados empíricos" que preservam uma relação entre si, quer sejam eles sintomas físicos, quer sejam sintomas psíquicos, quer sejam resultados de testes psicológicos.

Schiller (2003) continua:

> A medicina e a psicologia são herdeiras da cisão estabelecida por Descartes na primeira metade do século XVII. Descartes concebeu o nosso mundo estruturado por duas entidades de natureza distinta: a substância extensa, a matéria, que ocupa lugar no espaço e que pode ser medida e subdividida, e a substância pensante, o pensamento imaterial, sem dimensão ou peso, e que não pode ser fracionada. Essas duas substâncias são de natureza radicalmente diferente, não se misturam, não há transição entre uma e outra. Uma constitui a alma. A outra, o corpo. (p. 29)

Groddeck (1992) tinha consciência da enorme lacuna que separa o olhar médico do olhar psicanalítico e vice-versa:

> Só o método psicanalítico de pesquisa tem condições de deter a dispersão das forças e reuni-las. Já fracassou a tentativa de atingir esse objetivo por outros meios, porque só a psicanálise sabe atribuir à palavra "psíquico" um novo sentido sem ressaltar um antagonismo inexistente quanto ao "orgânico", enquanto as demais disciplinas, se não quiserem cometer uma autoamputação, irão alterar as fronteiras entre o reino psíquico e orgânico, sem contudo suprimir a demarcação em si. (p. 160)

A mestre em psicologia e docente da USP, Vera Stella Telles, em um de seus cursos na universidade costumava apresentar a seus alunos de graduação um breve documentário das práticas usualmente adotadas em centros obstétricos e em maternidades, práticas que atestam a chocante ignorância da medicina tradicional no que diz respeito à fragilidade humana e à importância dos primeiros momentos após o nascimento para a saúde mental do ser humano.

Nesse documentário havia até mesmo relatos de cirurgias em recém-nascidos feitas sem anestesia, pois durante muito tempo alguns médicos defenderam a ideia de que o sistema nervoso de um recém-nascido ainda não está formado, os neurônicos não estão completamente recobertos de mielina, e que, portanto, ainda não transmitem a dor.

Como vemos, o abismo que separa a psicanálise e a medicina pode tomar proporções tenebrosas. Mas é de vital importância superar este abismo, como nos aponta Groddeck, uma vez que ambas têm um e o mesmo objeto de trabalho: a dor e o sofrimento humano.

Um dos maiores brilhantismos de Freud foi o de colocar a dor subjetiva em primeiro plano, sendo ele um médico. E ao olhar outra vez para a subjetividade, reavivou o pensamento mítico clássico grego, em plena Europa cartesiana do século XIX, quando a medicina tradicional vivia o início de um momento de glória do cientificismo.

O pensamento mítico possibilitou verdadeiramente uma metapsicologia moderna. Não haveria um pensamento de paradigmas diversos aos do empirismo cartesiano não fosse Freud ter reintroduzido — relembrado — ao século XIX, que há uma outra forma de pensar diversa à da mecanicista "causa-efeito" vigente na medicina, na psicologia e em todas as ciências positivistas.

E, sendo assim, o próprio conceito de sintoma e de tratamento sofreram uma transformação e uma ampliação, ganhando em termos de profundidade e capacidade de compreensão.

A psicanálise, ao "inclinar-se" sobre alguém que adoeceu de leucemia inclina-se sobre sua existência, seus sonhos, seus devaneios, suas angústias e seus desarranjos físicos, bem como sobre todas as experiências vividas por ele antes do adoecimento e durante o adoecimento.

O que acometeu Ares foi um adoecimento fatal que pode ser compreendido de diversas maneiras, pelas diferentes visões que estamos considerando.

Vejamos (resumidamente) o que a medicina clássica diz hoje sobre a leucemia que acometeu Ares, a "leucemia mieloide aguda" (Guyton; Hall, 2002, p. 370-376): o sangue é formado por células altamente especializadas, que são as responsáveis por diferentes funções vitais, também altamente especializadas. Essas células (corpúsculos), também são chamadas de "glóbulos", são de três tipos: os glóbulos vermelhos (hemácias ou eritrócitos), os glóbulos brancos (os leucócitos) e as plaquetas.

Esses corpúsculos são produzidos pela medula óssea, o "tutano", substância gelatinosa presente no interior dos grandes ossos do corpo. A medula óssea é, portanto, chamada de "órgão hematopoiético", o órgão que produz os corpúsculos sanguíneos (*hemato poiese*: *hemato*= sangue, *poiese* = produção).

Os leucócitos são gerados na medula óssea a partir de células precursoras que são chamadas de blastos. Ao amadurecer, os blastos se transformam nos diversos tipos de células sanguíneas especializadas.

O que acontece na leucemia mieloide aguda é que há a liberação de um grande número de blastos diretamente na corrente sanguínea, antes de passarem pelo processo de transformação celular e de seu amadurecimento, transformando-se em leucócitos. A função dos leucócitos é proteger o corpo contra os diferentes tipos de invasão, seja por bactérias, seja por vírus. Por razões desconhecidas, ocorre uma súbita falência na produção de leucócitos saudáveis e uma liberação antecipada no sangue das células precursoras dos leucócitos, os blastos, ou uma liberação dessas mesmas células defeituosas e que são incapazes de desenvolver sua função de defesa.

A leucemia é, portanto, uma doença grave que acomete o sistema imunológico, que é o sistema responsável pela defesa orgânica às infecções, protegendo o organismo da invasão de qualquer elemento ameaçador à nossa integridade.

O que chama a atenção nesse tipo de leucemia é a produção desordenada e em grande quantidade de blastos, as células precursoras dos leucócitos: ou seja, ocorre uma falência no processo de "amadurecimento" dos leucócitos. Por agora, fiquemos com esses dados, em compasso de espera, para uma posterior reflexão.

A medicina tradicional trata a leucemia com a quimioterapia: o intuito é administrar uma substância altamente tóxica diretamente na corrente sanguínea para destruir todas as células imaturas e defeituosas, "limpando" o sangue de células doentes; o problema é que esse tratamento, por ser muito violento, destrói também as células sadias. Depois da quimioterapia, o paciente recebe substâncias que estimulam a medula óssea a produzir novos leucócitos que, espera-se, desta vez sejam saudáveis. Como nem sempre isso é possível (uma vez que é a própria medula que está doente), o protocolo mundial sugere como último recurso o transplante de medula óssea de um doador saudável.

O principal problema é que a medula óssea é um órgão altamente especializado e, por sua sofisticação e complexidade, é altamente específico geneticamente. Apenas gêmeos idênticos têm medulas ósseas idênticas e às vezes (muito raramente) irmãos biológicos, também.

O transplante de medula óssea consiste em uma transfusão do material sanguíneo retirado do doador e transfundido ao receptor. Antes de receber o transplante, a medula óssea do receptor (que estava doente), é completamente destruída por uma quimioterapia violenta. O paciente fica então sem uma única célula sanguínea e recebe então o transplante. Com isso, sua medula óssea será "repovoada" pelas células recebidas do doador, que passarão a funcionar normalmente.

Esse é o princípio médico (explicação rudimentar) sugerido pelo protocolo de tratamento internacional, adotado por todos os hospitais mais modernos do mundo.

Como podemos ver, embora utilize técnicas ousadas e sofisticadas, o tratamento consiste simplesmente na substituição "mecânica" de uma medula óssea doente por uma medula óssea sadia, ou seja, uma tentativa de "reposição de peças defeituosas", que não difere em nada da reposição de peças defeituosas de um carro, de um barco ou de uma motocicleta.

Para pessoas, no entanto, seres extraordinariamente complexos e dotados de subjetividade, um método mecânico e simplista como este nem sempre obtém os resultados esperados. Sendo assim, tudo o que essas modernas técnicas de tratamento e transplante conseguem é gerar sofrimento e pouca esperança, quer seja de cura, quer seja de uma maior compreensão do que se passa na leucemia.

Estamos diante de uma incógnita: o que a psicanálise e a psicossomática psicanalítica têm a dizer sobre alguém que adoece de leucemia?

Já vimos, resumidamente, como a medicina tradicional descreve essa doença e quais são seus sintomas e tratamentos físicos. E pudemos ver, também, que o silêncio da medicina no tocante à leucemia é o silêncio da perplexidade: o silêncio de quem não tem palavras a dizer.

Como podemos, agora, iniciar nossa pesquisa sobre este grave adoecimento ocorrido em um dado momento da vida de uma pessoa?

2 - PSICANÁLISE E MEDICINA

A medicina descreve, a psicanálise narra.

Ainda hoje, mais de 100 anos depois da invenção da psicanálise em uma Viena tradicionalista, onde a maioria dos psiquiatras acreditava que as doenças mentais eram causadas por "nervos fracos", ou por misteriosas "disfunções neurológicas

ou cerebrais", a lacuna que separa a psicanálise da medicina é imensa.
E a manutenção desta lacuna é lastimável, tanto para a medicina quando para a psicanálise.

Como duas formas possíveis de texto literário, descrição/medicina e narrativa/psicanálise poder-se-iam complementar, em vez de intimidar.

[...] Esta resistência dos psicanalistas [a de que acontecimentos orgânicos não pertencem ao âmbito da psicanálise — nota minha], é mais estranha ainda se considerarmos que os primeiros trabalhos de Freud estão voltados para a histeria, a qual não se sabe se pertence à área psíquica ou à orgânica e que de qualquer forma está tão próxima da fronteira corrente que a passagem ao campo orgânico seria tão fácil quanto a outra, ao campo psíquico. [...] Deve haver uma outra razão para isso, e quem fizer averiguações verá que aqui há uma questão essencial, pode-se dizer até que estamos diante de um momento decisivo em que a psicanálise em vez de avançar está perdendo terreno. É lamentável que isso aconteça, de se continuar tratando a área orgânica como um tabu — supostamente porque Freud não aprovaria a extensão da pesquisa a esse campo, o que, com certeza, é falso, pois ninguém demonstrou tanto interesse pelos meus esforços no tocante a essa questão quanto Freud — se isso continuar assim, afinal perderemos a oportunidade única de tornar a reunir o pensamento compartimentado e a medicina especializada, ambos caóticos, sob uma perspectiva global. Só o método psicanalítico de pesquisa tem condições de deter a dispersão das forças e reuni-las. (Groddeck, 1992, p. 160)

Groddeck morreu em 1934; este texto seu foi escrito em 1926 e podemos dizer que ainda hoje, mais de 80 anos depois, o pensamento compartimentado e a medicina especializada só se ampliaram e aprofundaram suas raízes, distanciando ainda mais os aspectos orgânicos e psíquicos, em vez de reuni-los.

Um ponto que se conserva acima de qualquer polêmica e em qualquer tempo, tanto na Viena de Freud do final do século XIX como hoje, é a de que a psicanálise se ocupa do sofrimento humano e se propõe a compreendê-lo de uma forma diversa à que se propõem outras áreas do conhecimento, principalmente a psiquiatra, que é a área especializada da medicina tradicional que também se dedica a tratar problemas psíquicos.

Mas, se por um lado estes nichos de "especialização" dentre os vários saberes humanos são inevitáveis, podem acarretar distanciamentos de compreensão e verdadeiros abismos de entendimento, gerados por um egocentrismo que, em vez de ampliar o conhecimento humano, criam cisões difíceis de transpor. Um exemplo desta cisão é a que existe entre medicina e psicanálise.

É fácil entender que todos os esforços feitos por Freud no início da psicanálise fossem para tentar impor sua recém-criada teoria, principalmente no meio médico, e que, para isso, ele a expusesse publicamente de forma peculiar e com toda a veemência. Era importante para ele ser reconhecido por sua própria classe — a dos médicos — em seus conceitos recém-criados e totalmente originais. E, embora sendo um médico, ele nunca recorreu a qualquer saber advindo da medicina para explicar o que quer que fosse de sua nova teoria. Compreensível: Freud estava criando algo novo, *sui generis*, e, principalmente, lutava por uma independência teórica da visão médica.

Ainda assim, não se pode esquecer que ele era um médico e que usou de seu conhecimento como base para pensar e formular a nova teoria.

Não é comum encontrarmos psicanalistas que tenham uma formação médica. A maioria vem da psicologia, ou de outras áreas afins, como a antropologia, a sociologia, a filosofia.

Para os que têm uma formação médica, porém, há uma possibilidade de compreensão adicional, que é a analogia óbvia existente entre a natureza fisiológica do corpo e a natureza do funcionamento psíquico.

Joyce McDougall (1983) abordou essa questão em um capítulo de seu livro *Em defesa de uma certa anormalidade*, quando refletia sobre a ambivalência existente em todo adoecimento psicossomático, que muitas vezes apresenta pouco ou nenhum sintoma psíquico.

> Face à dor psíquica, às divisões internas, aos traumatismos universais e pessoais que a vida inevitavelmente provoca, o homem é capaz de criar uma neurose, uma psicose, um escudo caracterial, uma perversão sexual, sonhos, obras de arte — e doenças psicossomáticas. Artesão de si mesmo, tem poucas possibilidades de modificar a forma de suas criações psíquicas, essa estrutura que o ajuda a manter, não somente o equilíbrio da economia pulsional, mas também o sentimento de ter uma identidade. (p. 133)

Qual é o campo da psicanálise e qual é a abrangência de sua atividade, uma vez que podem parecer difíceis e até mesmo intransponíveis para o trabalho psicanalítico certos obstáculos, como por exemplo, somatizações ou ausência de dor subjetiva, de angústia ou de manifestações psíquicas notáveis (como o que ocorre na normopatia)?

Se nos ativermos à ideia inicial de que o campo da psicanálise é todo aquele em que há sofrimento humano, não se trata mais de delimitarmos sintomas de uma ou de outra natureza, mas de acompanharmos fielmente a dor, o sofrimento e o padecimento humano, pois ali está o campo mesmo da psicanálise.

Algo se perdeu na história da psicanálise desde que ela foi criada por Freud até hoje: é a relação complementar que existe entre seu conhecimento e o conhecimento da medicina tradicional.

Adoecimento: psicanálise e medicina

Para quem, como eu, teve uma formação médica e uma formação em psicologia, a analogia existente entre os processos fisiológicos e os psíquicos é óbvia. Não é nem mesmo surpreendente e não traz nada de novo, nem de original. É uma analogia facilmente constatável, em cada processo fisiológico e em cada processo psicológico. Ter o privilégio de estudar os dois lados, o somático e o psíquico, facilitou-me uma visão de perspectiva e me abriu a possibilidade de estabelecer relações entre eles. Relações que, no mais das vezes, são de correspondência biunívoca.

Por esta razão, não faz sentido falarmos em causa e efeito, simplesmente porque não é assim que os processos se dão. Eles acontecem analógica, e muitas vezes, concomitantemente, já que um ser humano é um.

Comecemos por um exemplo essencial, o da homeostase pulsional, base fundamental da teoria de Freud.

O princípio da homeostase é, na verdade, um princípio vital por excelência. Onde há organismo, onde há vida, ali haverá o princípio da homeostase operando.

No início de uma faculdade de medicina, um dos primeiros, senão o primeiro, assunto abordado é o da porosidade das membranas celulares. Todas as membranas do corpo humano (desde as mais ínfimas membranas celulares até as que separam tecidos, como as paredes do intestino) fazem trocas eletrolíticas entre íons de sódio e cálcio. Quimicamente, o sódio tem carga negativa e o potássio carga positiva.

Ou seja, para que haja um equilíbrio de PH no organismo, as membranas fazem trocas eletroquímicas entre moléculas de sódio e de potássio todo o tempo: para que os tecidos não fiquem com um PH muito ácido, nem muito básico — o que seria prejudicial à homeostase bioquímica do organismo, predispondo os órgãos a um mau funcionamento. As trocas de íons, portanto, são feitas todo o tempo nas membranas que separam os "humores" do corpo.

113

Groddeck interessava-se muito por etimologia, principalmente por entender que a raiz das palavras expressa símbolos inconscientes. Diante da palavra "humor", mais uma vez estamos diante de um exemplo óbvio da analogia entre psiquismo e processo fisiológico: o corpo tem "humores" — que é como os fisiologistas chamam todos os líquidos do corpo —, o psiquismo tem "humores". Groddeck tinha razão: a etimologia nos mostra que duas coisas análogas são chamadas pela mesma palavra!

Em fisiologia, este funcionamento celular é chamado de bomba eletrolítica (ou bomba de sódio e potássio) e é responsável pelo equilíbrio hídrico da célula. A bomba de sódio e potássio (Guyton; Hall, 2002) localiza-se na membrana plasmática e faz o transporte desses íons, principalmente do potássio, que são transferidos do meio extracelular (onde é encontrado em pouca quantidade), para o interior da célula, que possui cerca de trinta vezes mais potássio do que o meio externo. Qualquer mínima alteração no sistema pode comprometer o funcionamento dessa bomba.

As trocas que ocorrem nas paredes celulares que transportam "humores" estão acontecendo em todo o organismo humano, com íons atravessando membranas celulares e mantendo a homeostase todo o tempo. Essa ideia fisiológica é muito importante, pois nos dá a noção fiel de que a homeostase, assim como a saúde e a doença, não são dois estados estáticos e inalterados, mas sim pontos extremamente lábeis de uma mesma reta: a reta da fisiologia orgânica.

As alterações e acomodações estão ocorrendo todo o tempo, assim, a homeostase é um equilíbrio precário, que vai se mantendo a cada momento, seja em nível celular, seja em nível das emoções. Fácil compreender de onde Freud, sendo um médico, tirou o conceito de homeostase pulsional: dos humores do corpo humano e do profundo conhecimento que ele tinha da fisiologia.

Nas aulas de ciências do ensino médio, os professores costumam explicar o conceito de homeostase de uma forma facilmente verificável: um aquário, separado por uma membrana porosa, tem de um lado da membrana água salgada, do outro lado, água doce. Depois de certo tempo, se verificarmos a salinidade da água, comprovaremos que ambos os lados da membrana têm a mesma salinidade, ou seja: sendo porosa, a membrana deixou passar eletrólitos (as moléculas de sal) de modo que os dois lados atingissem o equilíbrio, atingindo uma homeostase.

O conceito de homeostase é um princípio básico da natureza, presente em inúmeros processos químicos e orgânicos. Na natureza, os processos tendem naturalmente ao equilíbrio. E como os processos naturais são todos análogos, isso se estende para todo o funcionamento emocional: soma e psiquismo operam sob os mesmos princípios naturais, que, embora se manifestem com diferentes "roupagens", obedecem aos mesmos princípios.

A epistemologia sabe que depois de certo nível de conhecimento, todas as áreas partilham de um mesmo saber, o que comprova que há uma analogia entre todos os campos de conhecimento humano: quer seja a física quântica, a fisiologia, a química, a psicanálise, depois que superamos a formação teórica fundamental e percorremos as reflexões necessárias, o que se comprova é a existência de uma analogia: os mesmos princípios operando em todos os níveis do organismo: dos peixes de águas profundas aos recônditos da alma humana.

Outro exemplo valioso para a psicanálise, que pode ser encontrado na medicina tradicional: em um de seus livros, ao expor suas ideias a respeito do aspecto simbólico do Isso na relação mãe-bebê, Groddeck defendeu que o nascimento só ocorre quando ambos, mãe e filho, estão prontos para nascer.

Podemos ouvir Groddeck como se ele estivesse nos falando poeticamente, expressando metaforicamente algo que se passa na profundeza do inconsciente, ou do Isso. Sem dúvida que ele pode ser lido assim, mas ele está falando — também — da realidade fisiológica do organismo humano!

Explico: a compreensão fisiológica está tão obliterada e soterrada pela ciência moderna, com seu raciocínio mecanicista e manipulador, que foi relegada a um plano desprezível. E embora os conhecimentos científicos a respeito da fisiologia do parto sejam bem conhecidos, não são considerados importantes pelos obstetras modernos, uma vez que o que está em moda é a cesariana. A modernidade é o momento histórico de entronizamento da medicina tecnológica, das máquinas que fazem exames sofisticados, dos laboratórios que sintetizam drogas capazes de manipular quaisquer sintomas, sejam eles de qualquer natureza. É o conhecimento empírico utilizado para a pesquisa, a manipulação e o controle dos processos naturais, busca sem limites e em direção a soluções mágicas.

Se podemos fazer uma cirurgia e retirar um bebezinho que está pronto para nascer da barriga de sua mãe, se contamos com todo o aparato tecnológico, científico e laboratorial para realizar um parto por incisão cesariana totalmente monitorado por um médico, em um sofisticado centro cirúrgico, por que deveríamos estudar a fisiologia de um parto natural?

A resposta também está fora de moda: para compreender melhor o ser humano, para entender como ele dá à luz seus filhos, para vir a conhecer como a natureza se manifesta na espécie humana ao preparar um nascimento, ao preparar mãe e filho.

Se olharmos para o processo fisiológico do parto, veremos que Groddeck poderia ser ouvido como se estivesse falando fisiologicamente, também. No último mês de gravidez, o organismo da mãe começa a produzir alguns sinais de que o bebê está maduro para o nascimento e que a placenta está encerrando suas funções de mantenedora do feto no útero. Alguns sinais fisiológicos disto são: um leve aumento de excreção de açúcar pela urina da mãe e uma leve elevação de sua pressão arterial (Odent, 2003b).

Estes dois sinais fisiológicos evidenciam que o organismo da mãe está tendo dificuldades para manter dentro de si um outro organismo que já está muito desenvolvido e pronto para viver por si mesmo e que ele já pode nascer. Seu corpo recebe o sinal de maturidade e autonomia do organismo do bebê por meio de hormônios secretados pelo cérebro do bebê.

A maioria dos médicos prefere explicar o ligeiro aumento do nível de açúcar na urina da mãe como um sinal de alerta de uma possível diabete. E a leve elevação arterial como um risco potencial de eclâmpsia, uma doença séria que pode acometer uma mulher grávida.

Quando um médico confunde um sinal fisiológico com um sintoma de doença, começa a haver a perda de contato com os elementos reguladores naturais, passa-se a inibir todo parto normal e a aperfeiçoar mais e mais os métodos controladores e diretivos para a realização de uma cesariana. Uma cesariana é uma cirurgia, realizada por um médico, o que equivale a dizer que todo o controle do processo do parto, que antes era natural, cuidado e controlado pela natureza, passa para as mãos dos médicos. É mais um episódio de transformação de um evento fisiológico em uma manifestação patológica que requer a intervenção de um médico. Seria a mesma coisa que confundir fome com doença gástrica ou sono com doença neurológica.

Voltando à fisiologia: os sinais recebidos pelo organismo da mãe são resultado de alterações metabólicas que acontecem no bebê e que indicam sua maturidade orgânica, "avisando" à mãe que o nascimento está próximo. Os dois se preparam, e é imprescindível que seja assim: exatamente como nos falou Groddeck!

Quando o processo se cumpre, o cérebro da mãe, que recebeu o estímulo químico dado pelo cérebro do bebê, ordena ao corpo que produza os hormônios que darão início ao parto: começa a dilatação do colo do útero e a preparação da vagina. Em uma reação em cadeia, como as peças de um dominó enfileiradas uma à frente da outra numa linha interminável, algo no cérebro do bebê desencadeia o processo e toca a primeira peça do dominó... e o parto se inicia.

Reações em feedback são outra característica dos processos orgânicos e dos processos psíquicos também, sendo o humano um ser que está sempre em relação. Lembrando Winnicott: "não existe bebê sem a sua mãe". Em um artigo publicado em "Explorações psicanalíticas", Winnicott (1994) chamou o processo recíproco de feedback que acontece entre o bebê e a sua mãe de "mutualidade" (p. 199).

O mais admirável de tudo é que o longo processo fisiológico do parto, que é uma reação em cadeia que se inicia na concepção e que termina no final da amamentação, prepara mãe e bebê para um processo que é vivido a dois: um processo de retroalimentação, ou de feedback, no qual o bebê sinaliza à mãe, que sinaliza ao bebê e assim por diante. Lembrando Winnicott (1983) mais uma vez: o estado de devoção é o estado em que a mãe mimetiza as necessidades do bebê, para ser capaz de supri-lo de tudo o que ele necessita. É também um processo de retroalimentação, ou de feedback, na busca de sintonia (a melhor possível...), entre "as necessidades do bebê" e "os cuidados fornecidos pela mãe".

> Um lactente está em fusão com sua mãe, e enquanto isso permanece assim, quanto mais próximo a mãe chegar de uma compreensão exata das necessidades do lactente, melhor. Uma mudança, contudo, surge com o fim da fusão, e esse fim não é necessariamente gradativo. Logo que a mãe e o lactente estão separados, do ponto de vista deste, se notará que a mãe tende a mudar sua atitude. É como se ela agora se desse conta de que o lactente não mais espera existir a condição em que há quase uma compreensão mágica de suas necessidades. A mãe parece saber que o lactente tem uma nova capacidade, a de transmitir sinais de

modo que ela possa ser guiada no sentido de satisfazer as necessidades dele. (Winnicott, 1983, p. 49)

Vemos nesta passagem que Winnicott está falando de *feedback*, resposta presente em todos os processos humanos, sejam eles orgânicos, sejam eles psíquicos Michel Odent, obstetra francês que estuda o nascimento e que pesquisa as interações fisiológicas que ocorrem entre mãe e bebê durante a gravidez, o parto e a amamentação, mostra em seus livros conclusões análogas à teoria de Winnicott, às de Freud, às de Groddeck e às de tantos outros psicanalistas.

Para a espécie humana, as coisas são assim, os princípios são estes. Groddeck chamaria estes princípios de "aspecto simbólico do Isso".

O mais importante é que estes princípios não dependem da opinião ou da aprovação de um médico ou de um psicanalista, eles simplesmente são assim. Que todo psiquismo tende à homeostase é um fato. Que todo organismo vivo tende à homeostase é um fato. Não são opiniões nem conceitos teóricos, mas fatos naturais que podem ser observados.

Em um de seus livros, intitulado *A cientificação do amor* (2002), Michel Odent escreveu:

> O efeito visível dessa liberação hormonal é o estado de alerta do bebê no parto, com os olhos bem abertos e as pupilas dilatadas. As mães humanas ficam fascinadas e encantadas com o olhar atento de seu bebê recém-nascido. É como se o bebê estivesse dando um sinal, e parece que esse contato humano olho no olho é uma importante característica do início do relacionamento mãe-bebê na espécie humana. (p. 15)

Se a compreensão psicanalítica e a compreensão médica acontecessem lado a lado, em vez de romper os vínculos que têm uma com a outra, haveria uma possibilidade a mais de superação da lacuna, que de fato inexiste, entre corpo e alma, entre psique e soma. Lacuna que só foi introduzida pelo pensamento cartesiano e que, uma vez vigente, apenas impede uma compreensão mais ampla e profunda do ser humano.

A psicossomática psicanalítica supera em parte esses obstáculos. É valioso reconhecer a analogia que existe entre os funcionamentos somático e psíquico, pois isto nos possibilita compreender fenômenos que não estão de fato separados. O que os separa é a visão compartimentada que temos do conjunto. Vemos em separado um fenômeno que é único.

Além do mais, admitir que soma e psiquismo têm funcionamentos analógicos nos leva a pensar que não estamos considerando um processo de causa e de efeito. Não se trata de buscar a "causa" física para distúrbios emocionais, nem a "causa" emocional para distúrbios físicos, pois não estamos pensando cartesianamente. O pensamento analógico é associativo e todo elemento incluído serve para enriquecer o conjunto.

Mc Dougall (1978) escreveu:

> Naturalmente, o psicanalista não pode de forma alguma ser encarado como um especialista no campo da psicossomática. E mais, a opinião dos analistas quanto à melhor maneira de responder a uma demanda de análise centrada unicamente num sofrimento de ordem psicossomática seria bastante divergente. Alguns diriam que o tratamento a ser escolhido é a psicanálise; já outros preconizariam uma psicoterapia modificada; outros ainda considerariam a análise contraindicada para casos de sintomatologia psicossomática. (p. 135)

O que levanta tal reserva em relação à adequação ou não de uma psicanálise para casos com sintomatologia psicossomática é a incógnita que permanece envolvendo esses casos e o fato de eles não se adequarem completamente nem à teoria médica, nem à teoria psicanalítica.

Não seria esta incógnita um alerta para os psicanalistas e para os médicos de que talvez estejamos procurando a chave sob a luz do único poste da rua, mesmo que ela tenha sido perdida em outro lugar, como conta a anedota epistemológica?

Não seria um alerta para psicanalistas e médicos de que falta uma fatia entre psicanálise e medicina, lacuna que impede nossa compreensão deste tipo de adoecimento? Ao mesmo tempo, não seria justamente essa a angústia sempre presente ao analista e ao médico, a angústia do não saber e do não poder compreender, a presença do desconhecido, o traço de mistério sempre presente, por mais rigorosa que seja a busca?

São justamente casos que exibem sintomatologia claramente somática — como o de Ares — os que evidenciam de forma mais gritante histórias análogas entre o que se passa em nível corporal e em nível psíquico. Nisso também a história de Ares é um bom exemplo.

Mc Dougall (1978) prossegue:

> De um modo geral, podemos dizer que nas criações histéricas o soma empresta funções à psique a fim de traduzir simbolicamente os conflitos pulsionais. Os sintomas narram um história. Por outro lado, nas transformações psicossomáticas, o corpo 'se exprime' sozinho. Se existe uma história, esta é profundamente arcaica, pré-verbal. (p. 136)

Os sintomas de Ares realmente contam uma história: a sua história e conservam uma clara analogia entre fenômenos somáticos e psíquicos.

O pensamento analógico é mais abrangente por ser associativo e não dedutivo, e é isso o que permite desdobramentos infinitos: não fosse ele próprio o pensamento do inconsciente, do processo primário.

Georg Groddeck (1992) atribui ao Isso essa qualidade analógica, que se manifesta em todos os fenômenos humanos, orgânicos, psíquicos, sejam eles de qual natureza forem. Para ele, este é o princípio do Isso, o princípio que norteia toda a vida humana em todas as suas formas de manifestação.

> Tão humanamente inevitável como o destino a simbolizar é a pressão à associação, que no fundo é a mesma coisa, já que associar é sempre unir um símbolo a outro. [...] O caminho que eu segui leva, é claro, à proposição: tudo é um. [...] Os símbolos não são inventados, eles existem simplesmente, pertencem ao patrimônio inalienável do ser humano, e até pode-se dizer que todo ato de pensar e agir consciente é uma consequência inevitável da simbolização inconsciente, que o ser humano é vivido pelo símbolo. [...] O que costumamos encarar como resultado do pensamento humano, da razão humana, na verdade é uma criação do inconsciente, do Isso, cuja atuação se revela no símbolo, talvez seja criada pelo símbolo. Quanto a isso, convém lembrar que o símbolo atua em todos os seres, inclusive naqueles que não o reconhecem. (p. 31-32)

Superar a lacuna que separa psicanálise e medicina é fundamental; não para sermos capazes de controlar mais e melhor todas as doenças, nem para, finalmente, encontrarmos a cura para as moléstias incuráveis. O fundamental é buscar uma forma mais sensível e profunda de compreendê-las enquanto fenômeno vital da experiência humana — e não aumentar o "controle" sobre elas, como quer a ciência moderna.

Como queria Winnicott — que tanto dedicou seu tempo e talento a dar palestras às mães —, a maior importância de uma visão integrada do ser humano reside na possibilidade de uma psicoprofilaxia da infância: na possibilidade de se recuperar um conhecimento esquecido. O de que o ser humano é assim, nasce assim e que necessita de mãe suficientemente boa, ambiente amoroso e acolhimento no período precoce de vida, para poder se desenvolver com saúde física e emocional.

3 - O ADOECIMENTO DE ARES

A analogia sempre presente nos vários processos da vida de Ares faz parte da expressão simbólica do Isso, como escreveu Groddeck. Conservar uma visão que possa abarcar ao mesmo tempo os dois lados — somático e psíquico —, torna possivel tanto para a psicanálise quanto para a medicina uma maior compreensão da verdadeira incógnita que é um adoecimento.

Groddeck defende que não há "doenças" e sim "pessoas doentes", ressalva importante para nos acordar da ilusão de que existe um fenômeno chamado "doença", quando sabemos que este fenômeno é apenas um conjunto de sintomas, um recorte feito pela medicina, simplesmente para catalogar seu saber de forma classificatória.

Escreveu Groddeck (1992): "O tratamento orgânico do sintoma, e portanto o próprio sintoma, podem ser estudados e interpretados convenientemente de acordo com os métodos que Freud estabeleceu para a interpretação dos sonhos" (p. 166).

O sujeito de nosso trabalho, Ares, adoeceu depois de viver uma realidade traumática durante anos, adoecimento catalisado por um evento específico que lhe causou mágoa profunda (a briga com os pais e a carta-cobrança que recebeu da mãe), que foi o estopim de uma desordem somática e psíquica graves.

Ao mesmo tempo, podemos dizer que ele estava afetado por uma "moléstia familiar", que chegou até ele através dos "laços de sangue", expressão de tristeza, e de uma morte que havia sido jurada à sua própria individualidade, desde muito cedo, por uma tradição familiar destrutiva de subjetividades.

Groddeck referiu-se a isto quando escreveu que o lugar da família é lugar da morte: a morte do indivíduo, da criatividade e da diferenciação.

Ares sucumbiu sob o peso do coletivo, que não lhe possibilitou inaugurar uma vida pessoal, cobrando-lhe reiteradamente o pagamento de uma dívida de participação na coletividade e na própria hereditariedade, cobrança que lhe foi exorbitante. Além disso, a mesma coletividade que lhe fez cobranças exorbitantes não lhe deu a base necessária para seu desenvolvimento estrutural: os pais normóticos — voltaremos a isso num capítulo posterior —, incapazes de possibilitar a ele uma mãe suficientemente boa para a formação de um espaço transicional e a vivência do processo de alteridade.

Ao ser convocado a pagar uma dívida de tal magnitude, Ares o fez: *devolveu a própria vida* — seguindo suas próprias palavras —, sofrendo a falência de seu órgão produtor de hereditariedades (a medula óssea) e sucumbindo à morte. Ele devolveu a herança com a qual não podia arcar: corpo e psique andando juntos, lado a lado, numa união indissolúvel, ainda que Ares só tivesse parcial consciência de todo o processo.

O que chama a atenção é que ele sofreu uma somatização, e ainda que seus sintomas somáticos fossem coerentes e expressassem a mesma realidade que se passava em termos subjetivos, Ares não entendeu por completo o sentido de seu adoecimento, quando disse à mulher: "hoje descobri na análise que eu nunca pude me defender". E ele estava sofrendo de uma doença que atacava suas defesas.

Voltando à McDougall (1983):

A propósito, seria oportuno indagarmos qual é a relação eventual entre o corpo na psicose e o corpo na transformação psicossomática. Um estudo interessante, no qual o corpo do discurso neurótico é comparado ao corpo na fala do psicótico, foi realizado por François Gantheret. O autor observa que "o corpo só se torna simbólico ao se substituir como símbolo o conteúdo recalcado, estabelecendo uma relação de sentido com outros elementos", enquanto na psicose "é o corpo que fala, sem retomar nada, sem representação simbólica". Gostaria de acrescentar aqui que na somatização o corpo não fala mais — age. (p. 136)

O corpo de Ares *agiu*. Mas agiu simbolicamente. Como na psicose, em que se pode reconhecer sempre uma coerência interna muito grande, mesmo sob um processo de completa desestruturação, ainda que enlouquecido pelo adoecimento, o somático de Ares conservou o mesmo padrão do adoecimento emocional, evidenciando total coerência com os símbolos de sua vida e com seu questionamento existencial, em que todos os elementos se mostraram análogos.

4 - A HERANÇA DE ARES: PEDRA FUNDAMENTAL OU TUMULAR?

Herança vem do latim *haerentia*, substantivo do neutro plural de *haerens, tis*, particípio presente de *haerere* (2ª conj.), "estar pegado", "aderir", tudo aquilo que se trasmite por hereditariedade, aquilo que se recebeu dos pais, das gerações anteriores, da tradição. Legado.

Podemos dizer que Ares era um herdeiro mórbido, ou um *"herediopata"*, alguém que adoeceu de herança. Em vez de receber o que lhe chegava vindo dos pais e das gerações anteriores, da tradição etc., ele foi soterrado pela herança, foi incapaz de se diferenciar dela e dar a ela seu próprio sentido.

Em seu livro *Fazer-se herdeiro, a transmissão psíquica entre gerações*, Tatiana Inglez-Mazzarella (2006) escreveu:

125

> A herança genealógica é constitutiva e fundante da vida psíquica de todo ser humano. Manejar e remanejar esse material nas sucessivas etapas da vida, de maneira a ter um jeito próprio de ser herdeiro, requer muito trabalho psíquico. Como alguém se constitui por meio da história de um Outro sem ser tomado por esta história alheia? A possibilidade de marcar uma diferença passa pelo pertencer a um grupo familiar e, ao mesmo tempo, fazer da herança genealógica algo pensado, transformado e simbolizado, ou seja, algo apropriado. A herança pressupõe o trabalho de fazer próprio, de historicizar. Caso contrário, fica-se alienado na história familiar, na história de um Outro, sem conseguir posicionar-se em relação a ela, o que faz com que se esteja em face de um errante, de algo que vagueia por meio das gerações em busca de inscrição ou simbolização. (p. 38)

Mazzarella apresenta sua ideia de "tornar-se herdeiro" como um gesto ativo, capacidade adquirida por alguém que constrói sua própria historicidade, que possa ser autor de sua própria narrativa. Ao desenvolver sua trajetória em torno do ato de "fazer-se herdeiro", título do livro, Mazzarella partiu de "Totem e tabu" e da inclusão civilizatória da horda primeva como evento fundante da possibilidade de se tornar sujeito de uma história que se transmite intergeracionalmente.

Se pensarmos em termos civilizatórios, porém, a história de Ares tem uma peculiaridade única, que é o fato de que, ao romper o elo da cadeia de transmissão tradicional de sua família, Ares estava, na verdade, adotando um gesto civilizatório, pois tratava-se de interromper a propagação de uma "moléstia familiar hereditária" normatizante, subjugante e mortífera.

O abuso de poder, a endogamia, a aversão ao exogâmico e ao civilizatório eram na verdade a tradição a ser transmitida geração após geração em sua família. Esse é um dos paradoxos que Ares teve de enfrentar: para adquirir pertencimento civilizatório, só rompendo com sua família de origem. Mas romper com sua família de origem significava enfrentar a ameaça de banimento da própria vida, ou seja, a morte. Ironicamente, Ares só se tornaria herdeiro se rompesse com sua herança. Este era o conflito insolúvel, que permaneceu imutável até o fim. Kaës (2001) comenta sobre a peculiaridade da condição de herdeiro:

> O que é inelutável é que somos postos no mundo por mais de um outro, por mais de um sexo, e que nossa pré-história faz de cada um de nós, bem antes de nascermos, o sujeito de um conjunto intersubjetivo, cujos sujeitos nos têm e nos mantêm como servidores e herdeiros de seus "sonhos de desejo insatisfeitos", de seus recalcamentos e de suas renúncias, na malha de seus discursos, de suas fantasias, de suas histórias. (p. 13)

Desde muito cedo Ares se sentia apenas o depositário de expectativas, mandos e sentidos dos pais: o que lhe era dado por transmissão hereditária tinha o poder de obnubilar completamente sua própria individualidade, roubando-lhe mais do que lhe concedendo.

A origem latina da palavra herança é muito esclarecedora, pois não foi sua herança que se manteve "apegada" a Ares, mas Ares é que se manteve apegado à sua herança, colado, incapaz de se distanciar dela e de se diferenciar, mesmo que tenha tentado mudar de cidade, de atividade, de relacionamentos.

Ares foi "engolfado" por sua herança, e não conseguiu preservar e manter sua individualidade em um ambiente que impunha suas leis à força. Fazia parte de sua herança o apego mórbido à tradição, o respeito ao *status quo* e Ares, desde muito cedo, foi forçado a aprender isso, por meio das surras constantes do pai. As surras faziam parte da herança: eram a forma utilizada pela família para manter os descendentes incluídos na tradição de subserviência.

127

Os efeitos emocionais de tal herança podem ser vistos quando lemos o relato de sua vida. A história que acabamos de ler pode ser considerada uma anamnese psicanalítica. Tomando-a como ponto de partida, o que nos chama a atenção na história de Ares? Alguns elementos saltam aos olhos: a importância da herança, em primeiro lugar. Winnicott diria que a herança cultural, emocional, social, material e ambiental de Ares não foi suficientemente boa para seu pleno desenvolvimento. E por quê?

Além do solapamento na capacidade de dar sentido e de se diferenciar, fazia parte dessa herança o desenraizamento cultural de seu bisavô, que já havia plantado nas gerações anteriores uma ameaça de catástrofe emocional, representada pela ruptura cultural que ele mesmo havia vivido. Ao imigrar para o Ocidente, trouxe a catástrofe com ele, inaugurou uma família com uma "trinca" de desenraizamento.

Uma catástrofe semelhante vivida por seu avô havia se manifestado numa geração anterior à sua, na esquizofrenia de sua tia materna, desencadeada antes de Ares nascer.

Tentou-se evitar a reedição da catástrofe — que como salienta Winnicott, já havia ocorrido — na realidade psíquica; mas só se pode evitar uma experiência que já foi vivida: avô e avó de Ares fundaram um verdadeiro império ditatorial na tentativa de criação de um "cosmo" familiar, mas sem as condições civilizatórias mínimas (lembrando "Totem e tabu").

O avô materno de Ares viveu um delírio de grandeza, de sucesso profissional e familiar sem passar pela interdição civilizatória, como Freud retratou no mito da horda primitiva: ainda que houvesse construído um verdadeiro "império", em muitos termos, conservou-se alheio às regras civilizatórias básicas, como por exemplo, permitir que os filhos fizessem casamentos exogâmicos, fizessem escolhas pessoais, "crescessem" e se tornassem autônomos e capazes de viver independentemente da família de origem.

Um dos elementos esquizofrenizantes estava presente na estrutura familiar: não havia espaço emocional para a diferenciação de seus membros, as leis eram tribais e impeditivas de individuação. Nesse sentido, a família exercia para cada um deles o lugar de Morte mesma. Como escreveu Groddeck, o lugar da família é o lugar da morte, por significar a impossibilidade da diferenciação e de conquista de autonomia emocional.

A constituição do mundo feita pelo bebê e descrita por Winnicott como o gesto de criar a realidade — realidade que vem a seu encontro, afirmando-o e confirmando sua criação na forma de gesto de devoção da mãe — não fazia parte da herança de Ares, sendo este um dos elementos mais enlouquecedores para cada um dos membros daquela família.

Em um capítulo intitulado "o anti analisando" Joyce McDougall fala dos graves problemas de alteridade e da constituição do objeto em um paciente que se mostra incapaz de expressar-se emocionalmente. Refletindo a respeito disso, Flávio Carvalho Ferraz (2002) escreveu: "[...] o engessamento da subjetividade que se verifica na normopatia é complementar à recusa de alteridade: trabalhando em conjunto, esses mecanismos impedem a circulação entre o interior e o exterior" (p. 65).

Havia "escaninhos" previamente preparados a serem ocupados por cada um de seus membros, com papéis também previamente determinados para cumprir o delírio de seus avós. Esta era a "mãe-caveira" do sonho de infância de Ares, a "herança/ família", que, em vez de ser a mãe suficientemente boa de um ambiente acolhedor, representava a morte e o enclausuramento, num ventre feito de ossos encapsulantes, como as barras de uma prisão.

Além disso, a tradição desta família era mortífera por rejeitar o novo, impedindo a constituição do mundo feita pelo bebê como ato de subversão: o gesto de criar era considerado subversivo. E por contar com uma homeostase emocional tão precária, a família mantinha a velha *gestalt* ao longo das gerações por meio da força bruta, isto é, as surras "domadoras" das gerações recém-chegadas.

Não é de se admirar a extrema coerência manifestada pela esterilidade do irmão de Ares. A horda primitiva que era a sua família perpetuava-se pelo domínio da força bruta de seu líder e pelo medo deste. Embora subordinado ao sogro — por quem nutria uma obediência e uma admiração caninas —, o pai de Ares exercia sobre os filhos um domínio semelhante ao de Saturno na mitologia grega.

Na mitologia grega, Urano era a personificação do Céu, encarnava o impulso fecundante primário e masculino da natureza. Era o deus do firmamento e segundo a teogonia de Hesíodo, foi gerado por Gaia (a Terra), nascido do Caos original. Da posterior união de Gaia com Urano, nasceram os titãs e os cíclopes. Por odiar os filhos, Urano encerrava-os no corpo de Gaia. Mas um dia, Gaia pediu que libertassem seus filhos e que a vingassem. Saturno, por entender o sofrimento de sua mãe e atendendo a seu pedido, castrou Urano com uma cimitarra, quando este unia-se a Gaia. Os testículos cortados de Urano foram jogados ao mar e, unindo-se à espuma branca geraram Afrodite, ou Vênus, a deusa do amor. Saturno toma posse do trono, assumindo o lugar do pai e casa-se com Reia. Com ela teve muitos filhos, mas um oráculo predisse que seria destronado por um de seus filhos e, para não correr este risco, ele os engolia logo ao nascer.

Apenas na última gravidez, quando estava grávida de Zeus (ou Júpiter), Reia resolveu fugir para a ilha de Creta e lá o teve. Para que Saturno não suspeitasse que seu filho caçula ainda estava vivo, Reia lhe deu uma pedra envolta em panos de linho, que foi imediatamente engolida. Desta forma, Zeus escapou de ser engolido por Saturno.

Ao crescer, ainda adolescente, ordenou a uma ninfa que desse uma bebida a seu pai, que então se sentiu mal e vomitou todos os seus irmãos anteriormente engolidos.

A partir daí, Zeus expulsa seu pai do Olimpo, toma posse de seu trono, casa-se com Hera e divide o reino herdado com seus dois irmãos, Netuno e Plutão.

Com seu ato de interdição aos desejos arbitrários e ilimitados de Urano, Cronos, o deus do Tempo, pôs fim ao caos original e ao mundo das infinitas possibilidades, separando o Céu da Terra, ordenando as diferentes dimensões e permitindo que o mundo adquirisse forma, tanto em termos de espaço, como de tempo. Na Grécia clássica não havia um culto a Urano. Este fato, aliado a outros elementos da narrativa, sugerem uma origem pré-grega ao mito (O uso da cimitarra também indica uma fonte oriental para a história).

E, ao interditar o desejo voraz de seu pai, o deus do Tempo (que tudo devora impiedosamente), pôde levar o mundo do caos de volta ao cosmo, onde havia a possibilidade do surgimento do novo, do inesperado, do não engessado pela tradição dos séculos.

A cosmogonia que é retratada na mitologia grega clássica é analógica a tantas outras cosmogonias oriundas de outras culturas, que têm sempre um ou mais mitos que contam a destruição de um pai sem limites e aterrorizante por um filho heroico que, a partir da interdição civilizatória, reina sobre um novo império, mais justo e equilibrado que o anterior.

É o mesmo que vemos narrado na horda primitiva de Freud, em "Totem e tabu" e em tantas outras lendas e mitos, presentes em todas as culturas, de todos os tempos. Um conhecimento da humanidade tão tácito e quase atávico à espécie humana, não pôde ser vivido por Ares e por sua família.

O pai da horda primitiva, com poderes absolutos e governando por meio da força bruta, reinava incólume durante todos os séculos, sendo esta justamente a tradição que se mantinha: ainda que outros pais viessem depois dele, seriam exatamente iguais, governando por meio da força bruta e com poderes ilimitados. E foi esta também a interdição civilizatória que Ares não foi capaz de fazer: destronar o pai déspota e fundar seu próprio reino.

Essa foi a herança de Ares que, em vez de sustentá-lo com as bases próprias de toda herança, negou-lhe as condições fundamentais de sobrevivência psíquica. Winnicott escreveu que "não existe bebê sem a sua mãe". Ao considerarmos o ambiente, a herança social, cultural, emocional e genética de Ares, estamos na verdade falando da "mãe" de Ares, ou seja, de todas as condições básicas e essenciais necessárias para o seu desenvolvimento. Mas como Ares pôde lidar com essa mãe?

IV

O QUE A PSICANÁLISE TEM A DIZER

O que nos chama a atenção na narrativa de Ares é que ele não parece ser um paciente psicanalítico "clássico". Em sua história de vida, não vimos grandes perturbações emocionais, alterações psíquicas notáveis, angústias muito ruidosas, nem qualquer tipo de sintoma psíquico muito evidente. Foi um homem com uma vida medianamente normal, teve uma carreira, um emprego, constituiu uma família e cumpriu todo o esperado de uma pessoa social e culturalmente adequada. Talvez adequada demais.

Freud criou a psicanálise justamente quando tentava compreender suas pacientes histéricas que, embora manifestassem sintomas físicos, não tinham nenhuma doença somática reconhecida pela medicina que pudesse justificá-los. Ao contrário: embora os sintomas das histéricas aparecessem no corpo, não eram a expressão de alguma patologia física, mas sim "representações" de algo que se passava em alguma outra instância, que Freud mostrou ser de dimensão psíquica.

Ares, no entanto, adoeceu e morreu em decorrência de uma doença física. Terá a psicanálise algo a dizer sobre alguém que adoece e morre em decorrência de uma abrupta, inesperada e grave doença física?

Essa diferença evidente nos diferentes pacientes remete-nos obrigatoriamente aos primórdios da psicanálise, quando Freud formulou os tipos possíveis de perturbações psíquicas, utilizando-se de sua formulação sobre a economia da libido, do conceito de pulsão e representação, da ideia de recalque e de sintomas emocionais decorrentes da falha ou do retorno do recalcado. Sabemos que o que ocorre na histeria não é uma perturbação somática, mas sim uma falha no recalcamento com a produção de sintomas físicos, que é o que constitui mesmo a conversão histérica: é um episódio de angústia se expressando como sintoma somático.

Mas, se no caso da histeria o recalcado não incide sobre o corpo físico, mas sim sobre o corpo erógeno, o que dizer da doença de Ares, que incidiu sobre o corpo físico?

Há, na conversão histérica, um elemento que escapa, e que fez Freud comentar que é como se a histérica "sofresse, mas ao mesmo tempo não sofresse", como "se vivesse, mas ao mesmo tempo não vivesse um sofrimento". Há um "falseamento" na histeria, que se expressa também na sintomatologia: embora alguma parte do corpo "pareça" estar doente ou não funcionar bem, a dor e o sofrimento estão em outro lugar que não no soma.

Acontece, no entanto, haver outras formas de "adoecimento" — e quando uso aspas aqui me refiro a um adoecimento subjetivo — que, embora se manifeste no soma causando sofrimento físico, é parte e representante de um quadro mais amplo, vinculado a uma dor e a um sofrimento presentes, mas com o sentido em um outro lugar. Casos em que a dor e o sofrimento subjetivos são de tal proporção, e de tal intensidade e violência, que adquirem um *status* ruidoso e atingem o soma: o sistema psíquico sofre um "curto-circuito" pulsional, um *acting out*, e o soma adoece.

Freud dedicou-se pouco às perturbações psíquicas que envolviam somatização e na época foi criticado por Wilhem Reich, que sugeriu que ele havia "abandonado" o corpo em sua teoria das pulsões.

Poderíamos pensar, então, que Ares figura entre os pacientes descritos pela psicanálise como "somatizadores", que são aqueles nos quais a pulsão pura (sem significação) é descarregada diretamente sobre o soma, manifestando-se como doença física. Segundo os vários autores que descrevem a somatização e o somatizador, há sempre no perfil deste um empobrecimento da subjetividade e uma quase total ausência de sintomas psíquicos, com episódios de doenças físicas, ou de disfunção de algum órgão de choque, em diversos momentos da vida, ou em todos os momentos em que o sujeito vive uma crise que abale a homeostase pulsional ou que o descompense afetivamente.

Ares, no entanto, não era um somatizador. O único episódio de adoecimento notável em toda sua vida foi a leucemia, que teve um aparecimento muito pontual, delimitado e preciso, e em um momento muito específico de sua história. Parece-nos, assim, que Ares não era um somatizador, já que ao longo dos seus 46 anos quase nunca adoeceu, nem sofreu nenhum tipo de disfunção somática de algum órgão de choque.

Outro elemento que nos chama atenção em sua história é a ausência de sintomas psíquicos marcantes, a ausência geral de angústias, ainda que tenha vivido situações altamente traumáticas e violentas do ponto de vista afetivo, desde a infância até a vida adulta. Além disso, Ares demonstrava uma capacidade notável para desempenhar bem (de acordo com o que se esperava dele...) as atividades concretas da vida cotidiana, demonstrando mesmo uma surda "resignação" diante dos obstáculos e das dificuldades colocados por sua família em todos os níveis de sua vida, do profissional ao mental.

Teve uma única grande reação emocional, que foi a briga com os pais, episódio que precedeu em poucos meses os primeiros sintomas da leucemia.

Uma vez que Ares também não parece ser um paciente somatizador típico, buscamos na literatura psicanalítica algo que pudesse nos orientar com elementos adicionais. Encontramos a "normopatia", termo cunhado por Joyce McDougall para designar um paciente que sofre de uma "doença" peculiar: uma aparente e extrema "normalidade". Esta aparente "normalidade" manifesta-se com uma surda resignação, uma ausência quase total de angústias e uma postura levemente passiva, desinvestida afetivamente e sem arroubos de raiva ou de outro sentimento marcante, descrita por McDougall como um desarranjo afetivo "grave". McDougall (1983) começa referindo-se a este tipo de patologia como a do "antianalisando", ou "paciente-robô":

> À parte algumas poucas recordações inalteráveis, o antianalisando permanece colado ao momento presente. Como um jornalista, ele parece viver em função da crônica do dia. Se no seu passado não faltam acontecimentos traumáticos, e muito menos no seu cotidiano, ele parece, contudo, extirpar-lhes a vitalidade, sobrando apenas o aspecto estritamente "corriqueiro". A expressão afetiva de seu mundo interno é linear, fria — exceto no que diz respeito às queixas que às vezes se transformam num sentimento de cólera contra os seus semelhantes ou contra a própria condição humana. (p. 89)

Para esse tipo de paciente, o "antianalisando" de Joyce McDougall, a realidade concreta, a praticidade da vida, o ordenadamente controlável, palpável, o lado "operatório" da realidade aparecem como um porto seguro, única alternativa de sobrevivência para um psiquismo precário, que ameaça colapsar diante de pressões pulsionais mais intensas.

Sami-Ali (1995) em *Pensar o somático: imaginário e patologia*, criou o conceito de "recalcamento do imaginário" para caracterizar o mecanismo que conduz à somatização, em contraposição à conversão histérica. Segundo ele, enquanto na histeria há uma falha no recalcamento, na somatização há um sucesso do recalcamento, mas o que é recalcado é o próprio imaginário, o fantasmático, as funções primárias, forma de defesa desesperada contra uma realidade traumática, que diz respeito à realidade corporal.

Em seu *Normopatia*, Flavio de Carvalho Ferraz (2002) escreveu:

> Liberman e colaboradores (1986) na Argentina, enfatizaram o papel da sobreadaptação na determinação da disposição que certas pessoas têm de padecer de manifestações corporais patológicas. Esta sobreadaptação à realidade ambiental dar-se-ia de forma dissociada das necessidades e possibilidades emocionais e corporais do sujeito, que tende a ser alguém sempre cordato e a privilegiar o ajustamento à realidade exterior, a produtividade e o cumprimento das exigências, num quase completo desconhecimento das mensagens que provém do seu interior emocional e corporal. (p. 57-58)

Outros autores consideraram essa superadaptação ao ambiente como doença afetiva grave, como Contardo Calligaris, em uma conferência intitulada "Totalitarismo, perversão social" (Sedes Sapientae, 1991). Calligaris descreveu a obediência cega de alguns soldados nazistas na Alemanha de Hitler, que seguiam estritamente a norma às últimas consequências e sem nunca as questionar, por serem uma espécie de "autômatos" incapazes de refletir sobre as ordens dadas, numa espécie de "amortecimento" subjetivo semelhante ao que ocorre no normopata. Segundo Calligaris, tal subserviência e ausência de crítica eram a expressão de uma despersonalização, de uma disposição para o cumprimento das ordens "a todo custo". Daí o título da palestra.

O antianalisando de McDougall sofre dessa grave perturbação afetiva, e apesar de cumprir todas as "formalidades" de uma análise, de obedecer a todo o protocolo psicanalítico, não entra em análise de fato. Depois de meses e meses de fala vazia, dá ao analista a sensação de que nada realmente aconteceu. Durante as sessões, limita-se a narrar os fatos objetivos de sua vida e quase sempre procurou análise por insistência dos outros, colegas de trabalho, família, amigos.

> [...] o paciente bem intencionado, cheio de boa vontade, que desde o início sente-se à vontade na situação analítica (que não deve ser confundida com o processo analítico), na medida em que aceita sem maiores problemas o protocolo analítico em seus aspectos formais [...] e apesar da assiduidade, tanto a dele como a do analista, o processo analítico não é desencadeado. (McDougall, 1983, p. 83)

McDougall também chamou esse tipo de paciente de analisandos-robôs, "já que nos dão a impressão de se movimentarem no mundo como se fossem autômatos e de se expressarem numa linguagem composta de chavões e de ideias convencionais" (p. 84).

Parece ser esse o caso de Ares, submerso no ambiente de sua família de origem e incapaz de ter voz própria e de se expressar. Sua família de origem, como vimos, era de um tradicionalismo nefasto e tentou solapar todos os seus movimentos de autonomia e independência.

A tradição tem mesmo este aspecto ambivalente: se por um lado representa suporte e sustentáculo de uma herança sociocultural construída ao longo de gerações, pode solapar e assassinar qualquer movimento de alteridade em seus participantes. Referindo-se a isso, Contardo Calligares (2007) escreveu:

> A modernidade começa quando paramos de deixar que a tradição diga quem somos. Não terei necessariamente a mesma profissão que meu pai, não serei nobre porque ele foi, não viverei no mesmo lugar dos meus antepassados, não escolherei meus amores para

preservar a integridade de minha casta, religião ou raça e por aí vai. Mas se o legado da tradição se torna menos relevante, é justamente porque o que me constitui é minha história — não apenas a intensidade do momento e a audácia de meus planos, mas o conjunto das experiências que vivi. (Folha de S. Paulo, 1-11-2007)

Ares viveu encapsulado na tradição e, embora tivesse feito várias tentativas de romper com ela e de fundar seu próprio "reino", distinto do de seu bisavô, do de seu avô e do de seu pai, o máximo que conseguiu foi esticar o "cordão umbilical", prolongar no tempo e no espaço um vínculo viciado e repetitivo, que ao mesmo tempo que lhe transmitia a ilusão de pertencer à comunidade de origem, comunicava-lhe a sentença de morte: o tamanho de sua dívida, que foi exposta na última carta enviada por sua mãe.

A dificuldade de construir uma alteridade que lhe possibilitasse uma vida afetiva autônoma e independente do ambiente de origem também era um aspecto de sua herança.

McDougall, ao chamar o antianalisando ou analisando-robô de normopata, cunhou um termo que parece contraditório em sua estrutura semântica, como nos explica Flávio Ferraz (2002):

> A curiosa composição do termo normopatia resulta da justaposição do radical "normo", que vem do latim *norma*, com o sufixo patia, proveniente do grego *páthos*. [...] O adjetivo normal, derivado de norma, é empregado com três sentidos semelhantes, mas não idênticos:
> 1 – conforme a norma
> 2 – usual, comum
> 3 – sem defeitos ou problemas físicos e mentais.
> [...] O equivalente grego do termo latino norma é *orthós*, que significa "reto, direito, correto, normal, justo, levantado, teso, direto"
> [...] A segunda parte do termo normopatia, patia, vem do grego

páthos, que designa "o que se experimenta", aplicado às paixões da alma ou às doenças; remete a sofrimento ou sensação. (p. 22-23)

É esclarecedor para entendermos a contradição do termo *normo — patia*, uma vez que norma diz respeito a algo "correto", "direto", enquanto *páthos* refere-se às emoções, e, portanto, a algo que por sua própria natureza não diz respeito ao *orthós* nem a normas, mas ao acontecer da subjetividade humana, quer seja na forma de paixões, quer seja na forma de doenças. (Em medicina, *páthos* é o sufixo utilizado no nome de muitas doenças: cardiopatia, osteopatia, pneumopatia etc.).

Mas essa contradição expressa muito fielmente o sofrimento que acomete o "antianalisando" ou "paciente-robô" de Joyce McDougall. "Soterrado" pelo ambiente, absolutamente passível às normas vigentes e ao *status quo*, o normopata mostra uma sobreadaptação e uma assustadora "ausência de sofrimento", como se fosse um autômato.

Na briga que Ares teve com a sogra, quando ela lhe falou que ficava perplexa com sua resignação e com sua incapacidade de reagir agressivamente, ficava evidente algo que ele havia aprendido com seu pai: vale lembrar a surra na qual ele havia permanecido impassível, indiferença que foi justamente o que deteve seu pai. A história de Ares parece confirmar o que tanto Joyce Mc Dougall quanto outros autores escreveram sobre normopatia.

Pierre Marty e Michel M'Uzan (1994), escrevendo sobre a normopatia, enfatizaram outro sintoma típico, que eles chamaram de "raciocínio operatório", um apego intenso ao pensamento "prático".

Segundo estes autores, embora os normopatas utilizem uma linguagem "correta" e usualmente aceita, até mesmo nos meios culturais, sua expressão peca pelo vazio e pela falta quase absoluta de metáforas. Há uma pobreza imaginativa e uma geral incapacidade de compreender o outro, que fez McDougall escrever que ela sentia estar diante de uma pessoa com "retardo emocional". A imaginação, a expressão criativa e o imaginário são recalcados, ficando em seu lugar o pensamento operatório, supervalorizado e tábua de salvação para um sujeito que rejeita a própria subjetividade.

Vimos durante o relato da vida de Ares, que seu irmão manifestava algo parecido, aliado a uma passividade irritante, sendo sempre considerado pelo próprio Ares como um "retardado" em algum nível, ainda que ele não conseguisse precisar bem qual era. Tal função superoperatória, apegada à lógica, à concretude e a uma hipernormalidade compulsiva representam a salvação do "náufrago" normopata, que sofreu um recalcamento do imaginário e que não pôde contar com toda uma função psíquica, tendo de sobreviver com apenas uma delas, hipertrofiada, que é o raciocínio operatório.

O simbólico não é tolerado na normopatia e não se trata de um problema de natureza cognitiva, mas emocional. As defesas estão estruturadas para evitar tudo o que diz respeito ao processo primário e à imaginação, ao fantasmático e ao onírico.

O conceito de "mentalização" e de raciocínio operatório foi formulado por Pierre Marty e por Michel M'Uzan e é sua principal argumentação ao escrever sobre psicossomática. Para eles, a riqueza de representações foi denominada de "boa mentalização", aparecendo na neurose e na psicose, enquanto a "má mentalização", ou o pensamento operatório, estariam relacionados ao somatizador.

Pierre Marty (1993) escreveu: "uma boneca, que de início é sentida como algo visível e palpável pelo bebê, adquire progressivamente o valor afetivo de uma 'criança', e mais tarde, no adolescente e no adulto, o sentido metafórico de uma 'mulher sexuada'" (p. 15).

Esse processo é descrito por Marty como uma "boa mentalização". Para uma pessoa com uma "má mentalização" ou com pensamento operatório, a boneca é vista como apenas "um brinquedo de criança".

McDougall escreveu que uma defesa deste tipo, que se manifesta como um apego exagerado à realidade concreta e à vida material e um recalcamento do imaginário e do fantasmático, aponta para uma realidade traumática no início da vida subjetiva, na fase de estabelecimento da alteridade e da relação objetal. Por aludir a um sofrimento intenso em fases precoces da vida afetiva, implica uma violência vivida no nível corporal (uma vez que a subjetividade, no início da vida, está ainda completamente mesclada à realidade corporal).

O desequilíbrio emocional e afetivo graves que se manifestam na normopatia podem ser reconhecidos como um efeito do recalcamento do primário. O normopata sofre uma supervalorização do processo secundário, mas como o psiquismo é um *continuum* e não duas instâncias separadas, o aparato psíquico não é capaz de manter sua integridade quando se tenta extirpar uma parte vital de suas funções, o primário.

Para Joyce McDougall, houve uma falha na relação objetal de tal modo violenta no período precoce da vida de um normopata, que perturbou de maneira grave o processo de alteridade, fazendo que essa forma de subjetivação superapegada ao material se tornasse a única opção possível para ele. McDougall (1983) diz que na etiologia da normopatia houve extrema violência e dor, no mais das vezes pelo fato de o normopata ter contado com uma mãe também normopata, incapaz de um cuidado suficientemente bom.

Outra característica da família do normopata é um discurso que "enaltece a inafetividade", e que "condena a experiência imaginativa". Essa experiência de doença parental já era percebida inconscientemente por Ares desde muito cedo, algo que fica evidente em seu sonho com a caveira aos 8 anos, assim como a proibição à vida imaginativa, evidentes em tantos episódios ao longo de sua vida: como quando seu pai desvalorizou seu talento literário depois de ler seu primeiro livro; ou quando sua mãe se perturbou ao ver Carlitos andando no meio da rua, no fim do filme "Tempos Modernos". Exemplos claros de pais que condenam o mundo imaginativo, criativo e afetivo e que reforçam a sobreadaptação ao ambiente.

A sobreadaptação e o "soterramento" sofrido em um ambiente violento também ficam evidentes quando Ares ouviu do terapeuta um comentário sobre a forma com a qual se portava nos relacionamentos: "tem leite? Então eu estou com fome". Havia um desespero a ser evitado e do qual fugir a qualquer preço, embora Ares não se desse conta disso inteiramente. Ele organizou várias "fugas" possíveis, tanto da tradição como dos dogmas familiares, mas havia um elemento estrutural que faltava, e que era imprescindível para que suas empreitadas fossem bem-sucedidas.

Considerando o aspecto violento com que um discurso pode afetar tanto a realidade corporal quanto a subjetiva, André Green (1990) escreveu:

> [...] não é necessariamente uma destrutividade como, por exemplo, a destruição de um corpo. Sabemos que podemos destruir uma alma sem tocá-la, falando com ela, ou que se pode destruir alguém sem tocá-lo, sem lhe falar, simplesmente deixando de olhá-lo. De um dia para o outro, o objeto de amor deixa de merecer seu olhar, deixa de existir — uma mulher que você amou com paixão durante anos e que um dia deixa de existir para você... Pois bem, vocês também podem matar alguém assim. Portanto, não é necessariamente o conteúdo agressivo da pulsão, mas a rejeição radical que há na forclusão que tende a excluí-la do campo psíquico, o que dá lugar ou à psicose, ou à psicossomática. (p. 80)

Joyce McDougall (1983) localiza nos primórdios da vida subjetiva sérios problemas de alteridade, quando ocorreu uma perturbação profunda

[...] não apenas das primeira identificações do sujeito, mas também do conjunto das relações objetais. Sem embargo, a recusa ou denegação da realidade é um mecanismo psíquico fundamental, e como tal, esteve ou está presente e ativo em todo ser humano. [...] Trata-se de uma recusa muito mais global e que recobre o que Freud denominou repúdio para fora do *ego*. Estamos aqui no registro da angústia de castração sob sua forma prototípica — angústia de separação, de despedaçamento, de morte — muito aquém da problemática da identidade sexual. Esses pacientes nos remetem à aurora da vida, à nascente da identidade subjetiva do ser. (p. 90)

É inerente à natureza humana uma extrema fragilidade ao nascer e uma dependência absoluta ao meio ambiente como única forma de sobrevivência. Esta extrema fragilidade se expressa na necessidade vital que o bebê tem de contar com uma maternagem competente, que possa lhe possibilitar meios de se "misturar" subjetivamente com sua mãe, como se fossem um, e de "usá-la" como se, juntos, fossem uma subjetividade apenas, primeiro esboço do que surgirá em seguida como espaço transicional.

Segundo McDougall, não podendo contar com uma maternagem suficientemente boa, o normopata vive uma violência que o afeta também somaticamente, já que ainda vive um estado precoce de indiferenciação soma-psiquismo. A violência é pelo fato de o bebê ter de fazer frente a um desamparo desesperador. Então, em vez da "separação" mãe-bebê, acontecimento gradativo resultante do desenvolvimento subjetivo do bebê através da Ilusão, (que ocorre em condições suficientemente boas), na normopatia o que acontece é uma separação por "arrancamento", experiência de mutilação e de despedaçamento de um *ego* corporal ainda insipiente e imaturo, que não contou com um ambiente favorável.

McDougall (1983) fala sobre isso num capítulo intitulado "O psicossoma e a psicanálise":

> Todo acidente somático tende a alimentar o circuito de representações que servem de suporte à angústia de castração: tende igualmente a fazer surgir angústias de separação e de despedaçamento ligadas à relação primordial com a mãe. [...] Resumindo, o fenômeno somático, quer se trate de uma explosão ou de uma implosão, vai atrair para sua representação psíquica, ineluta-velmente, uma aura de castração fálica e de castração primária. [...] É interessante constatarmos nos analisandos com tendências somatizantes uma tendência a exigir demais do corpo físico, ou mesmo a ignorar os sinais do corpo desamparado — como se o corpo fosse vítima de uma carência de investimento libidinal, ou não conseguisse ser representado enquanto objeto psíquico. (p. 138-139)

Essa espécie de "defeito estrutural" apareceu no sonho que Ares teve com seu colega de faculdade, que tinha o braço direito atrofiado pela poliomielite. Neste sonho, que Ares teve durante a quimioterapia, seu amigo não podia ajudar na reconstrução da própria casa (que era a "reforma" à qual ele mesmo estava sendo submetido: o tratamento de quimioterapia, na tentativa de "reformar" sua medula óssea doente), por ter o braço atrofiado (seu "defeito" estrutural resultante da violência vivida no processo de constituição do objeto). Ainda que a "casa" fosse dele, e apesar de contar com a ajuda de todos, familiares e amigos, tinha apenas um dos braço sadios. O outro, o *"braço da vida onírica, imaginativa, fantasmática"* estava atrofiado, ele teve de abdicar dele muito cedo, sob pena de enlouquecer (como sua tia) ou de ser "banido", "assassinado" por uma mãe "descompensada".

Bollas (1992) estabelece uma diferença entre os pais dos psicóticos e os pais do normóticos. Os pais são os que apresentam o mundo ao bebê, os que fazem uma espécie de "tradução" da realidade circundante ao recém-chegado. E como todo tradutor, os pais podem se tornar "traidores" (*traduttore, traditore*), mostrando ao bebê um mundo moldado e deformado por suas próprias psicopatologias e defesas mórbidas. Os pais do normopata, para Cristopher Bollas, impossibilitam o mundo do faz de conta e o processo de simbolização do filho, porque isso é uma ameaça pessoal, já que não suportam a desestabilização afetiva que a imaginação e a fantasia podem causar a eles próprios. O bebê, percebendo a precariedade afetiva da mãe e do pai, recalca tudo o que possa desestabilizá-los.

Ferraz (2002), referindo-se aos pais do normopata, escreveu:

> Ora, isso remonta necessariamente a uma patologia parental que se expressa, por exemplo, pela falta de ressonância afetiva, na figura materna, da excitação vivida pela criança. Deste modo, a mãe é percebida pelo filho como incapaz de interpretar os sinais emocionais que ele emite em sua direção. Afinal, nos primórdios da vida a mãe tem o papel fundamental de interpretar os gritos e os gestos do bebê, formas primitivas de comunicação que precedem a palavra. Ao interpretar esta comunicação primitiva, a mãe fornece ao bebê nomes para seus estados afetivos. Portanto, o acesso à simbolização não é uma capacidade inata do bebê. [...] O "engessamento" da subjetividade que se verifica no normopata é complementar à recusa da alteridade: trabalhando em conjunto, estes mecanismos impedem a circulação entre o interior e o exterior, ou seja, entre o eu e o Outro. (p. 65)

Ares sabia inconscientemente que o equilíbrio afetivo de ambos os pais era muito precário. A atmosfera familiar sempre havia sido muito "apertada", tanto em termos emocionais, (censuradora de manifestações afetivas de qualquer natureza), como em termos materiais. Alguém que espera para saber o que está disponível para então decidir se está autorizado a sentir fome ou não ("tem leite? então eu estou com fome!), a vida se torna um processo quase impossível, absolutamente massacrante e, antes de mais nada, muito precário. O ambiente, nesses casos, em vez de funcionar como "auxiliar" de uma mãe suficientemente boa, cooperando com o bebê para a constituição de seu mundo no processo que Winnicott chamou de "ilusão", impede essa função, sinalizando ao bebê que as manifestações afetivas e emocionais podem ser destrutivas. É algo como um "amaldiçoamento" da subjetividade, da constituição de um espaço potencial e de todo e qualquer objeto subjetivo.

Somando-se a isso o peso de uma herança financeira astronomicamente grande, ao mesmo tempo supervalorizada e proibida de ser tocada, com episódios intermitentes de violência física, temos o quadro claro de uma normopatia, com todos os elementos detalhadamente descritos na literatura psicanalítica, que inclui dor e sofrimento intensos, tanto somáticos como psíquicos.

No Vocabulário da psicanálise (1986), Laplanche e Pontalis definem "pulsões de morte" — a partir do alemão *Todestriebe* (*Todes*: morte, *triebe*: pulsão) — como:

> [...] uma categoria fundamental de pulsões que se contrapõem às pulsões de vida e que tendem para a redução completa das tensões, isto é, tendem a reconduzir o ser vivo ao estado inorgânico.
> [...] A exigência dualística é, como sabemos, fundamental no pensamento freudiano; revela-se em numerosos aspectos estruturais da teoria e traduz-se, por exemplo, na noção de pares de opostos. É particularmente imperiosa quando se trata de pulsões, visto que estas fornecem as forças que em última análise se enfrentam no conflito psíquico. (p. 407, 409)

Cristopher Bollas ressalta a excessiva importância que os pais de um normopata dão à vida concreta, à sobreadaptação às convenções e às recompensas materiais. Por não poderem estar atentos à realidade subjetiva e por contarem com um interior esvaziado e desinvestido, supervalorizam a adaptação do filho às regras sociais e o premiam com bens materiais. É possível compreender porque na etiologia da normopatia ou na "doença normótica" descrita por Cristopher Bollas há sempre pais normóticos ou psicóticos, que impedem ou condenam o processo de subjetivação do bebê e do desenvolvimento da alteridade.

> Os pais normóticos desejam transformar-se em objetos entre os objetos. Esse empenho envolve a criança em uma evolução para uma determinada mentalidade que poderia corresponder ao próprio instinto de morte da criança. A pulsão humana de "não ser" e a de "dominar o ser" facilitam o movimento para o estado inorgânico da constância, que Freud (1920) considerou quando escreveu sobre a pulsão de morte. A proeza dessa pulsão (não ser, mas ter sido) é livrar a psique das tensões do ser e transferir o *self* para objetos externos, que se tornam alternativas para a apercepção de si próprio. [...] os pais normóticos foram compreensivos no desenvolvimento do falso *self* da criança, visto que retribuíram a adaptação às convenções com elogios e recompensas materiais. (Bollas, 1992, p. 179-180, tradução minha)

Havia uma reprovação subliminar a todo movimento que Ares quisesse fazer que não estivesse de acordo com a norma familiar vigente: escrever livros era ato subversivo, casar-se com alguém de fora, idem, viver em outra cidade também... Qualquer gesto objetivo ou subjetivo que aludisse à vida subjetiva e à escolha pessoal eram francamente condenados. Ares ainda tentou ir contra a "premiação material" que o recompensava por sua adaptação social batendo o carro novo recém-ganho da mãe, quando se formou na faculdade.

O acidente foi uma expressão desesperada do conflito de Ares e do quanto questionava seu falso *self*, estando até disposto a destruí-lo, ainda que se colocando em situação de risco grave. Todas as vezes em que esse conflito tomou o primeiro plano, Ares desafiou tanto o status quo familiar, como o relacionamento com os pais, além da adequação à norma vigente. No entanto, em todos esses episódios houve um risco grave envolvido, riscos que envolviam sua corporeidade e que beiravam a morte.

Isso é uma demonstração, por um lado, do quão intenso era este conflito e do quão arraigado estava nos próprios sustentáculos de sua vida, tanto corporal quanto subjetivamente falando. Ou seja, ao tentar qualquer movimento de independência e de criatividade, exposição de alguma escolha ou de algo de natureza mais subjetiva, anímica ou imaginativa, Ares corria o risco de sucumbir, por tentar o rompimento com um "cordão umbilical" normatizador, o cordão que o manteve durante toda a vida ligado a pais normóticos e destrutivos.

Embora fosse até capaz de vislumbrar possibilidades distintas às de seu falso *self*, ao tentar romper com ele, via-se sem defesas, por contar com uma estrutura psíquica depauperada, sem os elementos de alteridade que deveriam ter sido constituídos lá atrás, em sua vida precoce.

Bollas (1992) fala da "introjeção extrativa", uma espécie de "roubo" emocional, que pode acontecer em um caso de normopatia. De todos os tipos de introjeção extrativa descritos por Bollas, o mais sério deles é o roubo de partes do *self*:

> As partes do *self* são múltiplas e, compreensivelmente, diferem entre as pessoas. [...] Cada um de nós tem uma história única e idiomática. Isso responde pelo meio de cultura do *self*, que é composto por muitos selves e é, talvez, o nosso bem mais precioso. A perda de uma parte do *self* significa não só perda de conteúdo, função e processo, como também da percepção que alguém tem

149

de sua própria pessoa. Uma perda dessa natureza constitui o desestruturar da história de alguém; a perda da história pessoal de uma pessoa é uma catástrofe, da qual pode não haver recuperação. (p. 205-206)

É compreensível que a introjeção extrativa que acontece na infância de uma criança com pais normopatas seja catastrófica. O tipo de perturbação da qual a criança é vítima assemelha-se à violência de uma intromissão em seu idioma pessoal, construção única pertencente a cada um. O que a normopatia faz, com sua tentativa de sobreadaptação às convenções, é alterar e impedir o desenvolvimento de um idioma pessoal subjetivo. Se pensarmos em uma analogia para a natureza desta violência, seria o mesmo que transformar a música interior, composta pelo próprio indivíduo, em barulho. Ou como inverter o sentido do cordão umbilical: em vez de um bebê ser alimentado pela mãe (ambiente), o bebê passa a alimentar a mãe (ambiente), o que só poderia resultar em morte.

A violência da introjeção extrativa reside no fato de ela ser uma inversão em relação à necessidade natural do ser humano: o de ter sua falta ao nascer reconhecida e suprida por uma mãe suficientemente boa, que possa compreender profunda e intuitivamente sua natureza e que se disponha a partilhar uma experiência que é vivida a dois: a vida precoce do bebê. Na introjeção extrativa, evento comum na infância do normopata, os pais, em vez de sentirem empatia com a fragilidade do bebê e entrarem em sintonia com ela para supri-lo, tentam extrair do filho, seja confundindo-o, seja forçando-o a se sobreadaptar ao ambiente.

Ares sofreu muitos tipos de roubo ao longo de sua vida: um dos mais violentos foi a introjeção extrativa. Em sua narrativa, podemos verificar vários momentos em que o ambiente, em vez de conceder-lhe garantia e sustentação — *holding* —, significou introjeção extrativa: o recebimento da fazenda ao nascer que, longe de ser um presente, significou elemento de suborno nas mãos dos pais. Outra situação onde o roubo fica evidente na vida de Ares: a queda que ele sofreu aos oito anos e quebrou o braço. Mais uma vez ficou patente para ele que sua herança, em vez de lhe dar coisas, tirava-as dele: seus amigos fugiram quando ele se machucou, evidenciando que até aquele momento tinham brincado com o filho do patrão rico e não com ele mesmo, Ares. A projeção extrativa aconteceu também quando seu pai invalidou o livro que ele havia escrito.

Houve uma sequência de roubos subjetivos, ou, adotando a terminologia de Bollas, de introjeções extrativas, situações nas quais Ares viu algum sentido que ele havia arduamente conseguido dar a alguma coisa ser roubado pelos pais ou pelas regras familiares.

A introjeção extrativa mais violenta que Ares sofreu, na verdade, foi sua capacidade de se defender e de se apropriar do que era legitimamente seu: quer fosse material, quer fosse subjetivo. E essa introjeção extrativa só foi possível porque Ares tinha uma falha estrutural, uma lacuna na época do estabelecimento de uma relação objetal, que fazia que ele se adaptasse ao ambiente de forma desesperada, como única forma de sobrevivência psíquica.

Roubado constantemente, sim, mas vivo. Foi o acordo que Ares fez para conservar as condições mínimas de sobrevivência psíquica: ser submetido ao ambiente, suportar introjeções extrativas, fossem elas quais fossem.

Em *O brincar e a realidade*, Winnicott (1975) descreve o processo de ilusão e seu valor no desenvolvimento de uma relação objetal no bebê:

> A mãe, no começo, através de uma adaptação quase completa, propicia ao bebê a oportunidade para a ilusão de que o seio dela faz parte do bebê. O mesmo se pode dizer em função do cuidado infantil em geral, nos momentos tranquilos entre as excitações. A onipotência é quase um fato da experiência. A tarefa final da mãe

consiste em desiludir gradativamente o bebê, mas sem esperança de sucesso, a menos que, a princípio, tenha podido propiciar oportunidades suficientes para a ilusão. [...] Desenvolve-se nele um fenômeno subjetivo, que chamamos de seio da mãe. A mãe coloca o seio real exatamente onde o bebê está pronto para criá-lo, e no momento exato. Desde o nascimento, portanto, o ser humano está envolvido com o problema da relação entre aquilo que é objetivamente percebido e aquilo que é subjetivamente concebido e, na solução desse problema, não existe saúde para o ser humano que não tenha sido iniciado suficientemente bem pela mãe. (p. 26)

O bebê inicia sua própria subjetividade contando com a devoção da mãe, que empresta a ele seu aparato emocional para ser usado como se fosse dele, a fim de que ele constitua seu mundo, que, em um primeiro momento, é interno e externo, ou, melhor dizendo, é espaço transicional, ao mesmo tempo interno e externo.

Se pensarmos numa mãe que não pode estar disponível ao processo de devoção no início de vida de seu bebê e se vê impedida de uma maternagem sadia por uma falha estrutural de natureza psicótica (ou normótica), ou que se vê assolada, ela mesma, por angústias muito grandes relacionadas ao mundo onírico e aos momentos precoces de sua própria vida, o que teremos é um bebê impossibilitado de desenvolver o processo de subjetivação sadio. E se, ainda pior, pensarmos que esta mesma mãe teve de construir defesas maciças contra o fantasmático e o imaginário em si mesma, por ter sofrido graves perturbações nos primórdios de sua vida subjetiva, podemos entender a gênese da normopatia, da doença normótica e de como sua "transmissão" afetiva e intergeracional se dá.

A mãe de Ares tinha, ela própria, uma falha estrutural violenta, havia sofrido toda a herança doentia do avô muçulmano, da avó demente, das surras, da irmã esquizofrênica. Havia, ela também, sofrido o vazio de uma não maternagem suficientemente boa e havia, ela também, sofrido a sobreadaptação a um ambiente convencional normótico.

Todas as "adaptações" a um ambiente patológico haviam sido forçadas por meio de surras domesticadoras, ou seja, havia apenas duas escolhas: enlouquecer psiquicamente, como havia acontecido com sua tia, ou enlouquecer somaticamente, como aconteceu com Ares. Como os fenômenos transicionais são os primeiros no processo de relação com o objeto, é fácil compreender o comprometimento verificado no normopata, com sua dificuldade ou (muitas vezes) impossibilidade de reconhecimento do outro e de sua vida emocional, num despreparo afetivo grave em relação à alteridade.

Winnicott (1975) continua: "os fenômenos transicionais representam os primeiros estádios do uso da ilusão, sem os quais não existe, para o ser humano, significado na ideia de uma relação com um objeto que é por outros percebido como externo a esse ser" (p. 26).

Todos os autores já citados aqui que escreveram sobre a normopatia (Joyce McDougall, Cristopher Bollas, Cristopher Dejours, Pierre Marty, Michel M'Uzan e outros) apontam para a presença de pais normóticos ou psicóticos como um dos principais elementos na etiologia da normopatia.

Todos os psicanalistas que já pesquisaram, refletiram, discutiram e escreveram sobre a normopatia são unânimes em afirmar a preponderância de pais *insuficientemente* bons, senão francamente ruins em termos de maternagem, como condição *sine qua non* para o futuro adoecimento da criança. Joyce McDougall chamou o normopata de "o antianalisando", o que equivale a dizer que os pais do normopata são a antítese de um psicanalista: trabalham para a sobreadaptação, favorecem a repressão do fantasmático, o recalcamento do imaginário e a *dessubjetivação*, impedem a diferenciação e o processo de alteridade, a construção criativa de uma relação objetal afetiva, odeiam o lado criativo, o onírico, ou seja, abominam tudo aquilo que um psicanalista mais valoriza. Como se não bastasse, os pais do normopata premiam materialmente a alienação do *self*, a construção bem-sucedida de um falso *self*, o respeito e a admiração às convenções, o esfriamento emocional, o desprezo pela vida afetiva.

Podemos mesmo concluir que a normopatia é a expressão da antipsicanálise, da contramão de tudo o que ocupa a atenção da psicanálise e que os pais do normótico são a "sombra" do psicanalista, valorizando tudo aquilo que o psicanalista mais despreza e desprezando tudo aquilo que o psicanalista mais valoriza. Isso nos leva a concluir que os anos de análise que Ares fez, embora não o tenham levado à possibilidade de "cura", ou de superação de uma condição que na verdade não oferecia chance possível de reparação, foram fundamentais para sustentar a homeostase de um sistema emocional muito precário. Podemos mesmo pensar que, não fossem os anos de análise, Ares poderia ter sofrido uma descompensação emocional previamente e poderia ter adoecido anos antes de quando realmente adoeceu.

Cristopher Bollas (1992) escreveu sobre o papel preponderante de um ambiente emocional deletério e dos pais normóticos ou psicóticos na formação de um normopata.

> Dependendo de qual experiência subjetiva da infância de uma pessoa tivermos interpretado, focalizaremos tanto suas aptidões (desenvolvimento da cognição, motilidade, defesas adaptativas, aptidões do *ego*) como suas capacidades (que se originam de privações e subsequentes conflitos psíquicos) quanto ambas. Segundo Piaget, não há dúvida de que, nessa fase de sua vida, o infante possui uma tendência estrutural interna, mas como salienta Winnicott, sem a mãe facilitadora, as aptidões emergentes do *ego* do infante sofrerão danos, talvez irreparáveis. Este é um fato objetivo. (p. 51)

Estamos falando de faltas, falhas, lacunas objetivas na vida precoce, que causam problemas estruturais de tal envergadura, que não só podem determinar uma futura normopatia como impossibilitar sua reparação, uma vez que estamos falando de uma patologia estrutural, que deixa marcas irreversíveis. Quando o processo de subjetivação e de criação de um espaço transicional se veem impossibilitados de acontecer:

> [...] nem recalcamento, nem identificação projetiva predominam nesse sistema defensivo. Em lugar disso, eles criaram uma espécie de gesso a envolver o corte fundamental que dá origem à subjetividade, um gesso opaco que impede a livre circulação entre interior e exterior; em outras palavras, esses sujeitos sobrevivem graças a uma série de regras de conduta, a um sistema imutável quanto ao mundo exterior, desligado de qualquer referência objetal no que concerne ao interior. Eles são como essas pessoas que, apesar de conhecerem as regras, ignoram a lei. [...] Eles fazem suas próprias leis, e só o medo de sanções externas é capaz de contê-los. (McDougall, 1983, p. 90)

A citação de McDougall ajuda-nos a compreender a "terra sem lei" que era a família de Ares, com suas regras arbitrárias e sem lei que eram transmitidas geração após geração, além da "domesticação" exercida sobre as crianças na forma de surras constantes, procedimento adotado como "norma educativa" socialmente aceita. Suas palavras remetem-nos ainda às ideias de Contardo Calligaris sobre o totalitarismo como uma perversão social, situações nas quais o processo de alteridade e de estruturação de uma relação objetal sofreram colapsos tão graves, que não permitem o desenvolvimento sadio, por negar ao sujeito a possibilidade de criação do espaço transicional em fase precoce de vida, época da constituição da alteridade. Ambos os elementos parecem vir juntos: recalcamento do imaginário e superego à adaptação, ao material e ao controlável.

O normopata fixa-se a um estilo de vida sobreadaptado ao ambiente circundante por ter sido forçado a uma defesa maciça contra a realidade subjetiva, aderindo às "coisas" como forma desesperada de superar uma dor e um sofrimento de tal magnitude, que transformam a vida "coisificada" na única possibilidade de sobrevivência psíquica.

Bollas (1992) dá importância ao fato de que um normótico pode viver uma vida inteira em equilíbrio, contanto que disponha de estrutura material que garanta que sua homeostase não será abalada, o que explica por que a leucemia de Ares foi desencadeada justamente quando ele sofreu uma descompensação da parte "material" de sua vida:

> Uma família normótica pode viver com sucesso durante bastante tempo, dependendo do conforto material e da disponibilidade de uma riqueza pessoal. Como necessitam de um suprimento de objetos materiais para aumentar a felicidade pessoal de cada um, são muito mais dependentes do fluxo da vida econômica do que outros tipos de pessoas. Por exemplo, se um dos pais fica desempregado, é mais do que redundante dizer que isso prenuncia o colapso de uma mente. Essa situação não leva a uma reflexão ou a estados afetivos que aprofundem a compreensão que os membros da família têm deles próprios e de suas vidas. (p. 182)

Ares, no entanto, não era um normopata típico: viveu anseios de diferenciação e momentos conflitivos nos quais tentou romper com a sobreadaptação e com sua adesão brutal ao "mundo das coisas materiais". Como nos episódios em que praticamente destruiu no acidente o carro recém-ganho da mãe, ou quando distribuiu presentes dados por ela em praça pública. Havia uma tentativa de reparação que era sempre atualizada, mas que não se efetivava: eram apenas tentativas de resgatar uma alteridade que havia sido impedida de acontecer em um passado muito remoto.

A cada tentativa, porém, sofria um novo rebote inconsciente, o outro lado do conflito ressurgia, Ares se enchia de culpa e voltava a se adaptar ao *status quo* anterior, sob pena de sofrer um novo colapso, se assim não o fizesse. Como quando sonhou que havia sido envenenado por uma injeção letal por ter enviado a carta agressiva à sua mãe, poucos dias antes de morrer.

A dor havia sido, um dia, a fonte de sofrimento que o fizera formar a defesa maciça contra a subjetividade, afastando-o do mundo afetivo, mundo para o qual sempre tentava voltar, rompendo com a família e com seus dogmas, mas tendo de abandonar a empreitada em seguida, ao sucumbir sob o peso da culpa e do ódio inconscientes. Todas as tentativas davam em nada porque havia a falha estrutural e o máximo que Ares conseguia era repetir, repetir e repetir, sem possibilidade de inaugurar o novo.

Não havia sustentação estrutural necessária para que ele pudesse viver o ódio disruptivo indispensável para a reconstituição de sua própria subjetividade. Todas as vezes em que se aproximou do velho dilema, viu-se mais uma vez diante da ameaça da velha dor, da angústia sem nome e do risco de colapso, de forma que o que poderia ser um empreendimento de superação, voltava a ser um novo fracasso. Estaca zero. E o que era pior: a cada nova tentativa, via-se um pouco mais enfraquecido.

1 - NORMOPATIA E DOR

A dor é um dos elementos essenciais na direção da cura. Por ser um sinalizador natural de que algo não vai bem, é um poderoso alerta para todos os mamíferos, alerta tanto de estados somáticos como psíquicos, e por essa razão um excelente balizador clínico.

A ciência conhece bem algumas doenças neurológicas terríveis nas quais o sujeito é incapaz de sentir dor, e por sofrer de uma falta tão vital, deve manter uma atenção e um cuidado muitas vezes maior do que uma pessoa normal, para não sofrer queimaduras, cortes, fraturas etc.

Durante períodos de sua vida, Ares sofreu uma falta de contato com a própria dor, semelhante à insensibilidade, mas de forma subjetiva. Por ter sofrido um recalcamento do imaginário e se visto frequentemente entregue a uma adaptação maciça ao ambiente, perdeu por longos períodos o contato com a dor física e emocional, de forma que as pessoas percebiam isso e apontavam o fato a ele, que na época parecia não entender muito bem. Como quando sua sogra lhe disse que lhe parecia que Ares suportaria qualquer tipo de tortura, sem esboçar reação.

Escrevendo sobre a dor, McDougall cita a condição dramática dos acometidos por essa anomalia, que podemos comparar ao que se passa com o normopata em relação à dor subjetiva. É a dor que impede uma nova topada em um dedão já machucado, assim como é a dor que nos impele a procurar um psicanalista pela primeira vez.

No caso da normopatia, este é o primeiro elemento a ser evitado e em torno do qual as defesas se estruturam mais ferrenhamente: adequado às normas sociais e intensamente colado ao lado "superficial" da vida material, ao mundo das "coisas", o normopata estruturou-se defensivamente para evitar toda e qualquer diferença de potencial, toda e qualquer perturbação advinda da homeostase emocional.

A dor e o sofrimento são as vias régias que nos impelem a compreender a vida subjetiva e a entrar em contato com os focos emocionais que demandam cuidado. Referindo-se a isso, Joyce McDougall (1983) escreveu:

> A dor, ponte privilegiada que propicia a ligação entre o soma e a psique, continua a ser objeto de muitas interrogações por parte daqueles que se preocupam com o sofrimento humano. Quer se trate de sua expressão física ou psíquica, é a dor que leva o

paciente a procurar ajuda. [...] O discurso sobre a dor implica um paradoxo e uma contradição que lhe são inerentes. O histérico torturado por dores de cabeça ostensivas diante da angústia provocada por um encontro de natureza sexual é vítima de uma dor física ou psíquica? Seria coerente afirmarmos que uma dor psicológica "desencadeia" outra, corporal? Ou o inverso? Sem embargo, é fácil observarmos que a relação entre os dois terrenos de sofrimento é tal, que a dor, surgindo em um deles, provoca inevitavelmente algum efeito no outro, pelo menos enquanto o psicossoma funcionar como um todo. Ora, os caminhos que permitem essa permeabilidade podem ser bloqueados. Ou, embora tendo acesso à sua representação, o sujeito pode confundir o conteúdo afetivo penoso com a sensação corporal dolorosa, ou ainda substituir um ao outro com vistas defensivas. (p. 152)

Em termos de dor e de sofrimento psíquico, chama a atenção o sonho de Ares poucos dias antes de sua morte, no qual ele encontra um menino perdido, de cerca de 8 anos, completamente ensanguentado por ter sido espancado por alguém.

Todas as dores físicas vivenciadas ao longo da leucemia, o desconforto dos exames, as diversas picadas de agulhas, os enjoos lancinantes da quimioterapia, as muitas coletas de material da medula óssea, as inúmeras transfusões de sangue, as dores ósseas lancinantes pelos quais passou, além de todos os procedimentos utilizados num hospital no tratamento de uma doença como esta, eram a reedição de um sofrimento psíquico já vivido em sua infância precoce e que se mantiveram recalcados até aquele momento, quando reapareceram representados no sonho na figura do menino espancado, e na doença, na forma de sofrimento físico.

Ares estava, finalmente, estabelecendo contato com dor e sofrimento lancinantes, que haviam sido recalcados e mantidos "fora" por meio do desinvestimento emocional e da sobreadaptação defensiva da normopatia. A dor estava de volta — símbolo da violência que havia sofrido tanto em termos físicos como emocionais desde o nascimento e ao longo da sua vida — mas já não havia possibilidade de reparação, uma vez que o "vazamento" pulsional maciço já tinha incidido sobre o soma, tornando-o incompatível com a vida.

Era seu núcleo psicótico que reaparecia ali em sonho, manifesto em imagem pela primeira vez, com toda a sua precariedade e dor. No mesmo sonho havia a coelha cinza com seus filhotes que, embora não estivesse nas melhores condições, estava salvaguardada e protegida em um armário.

Ares havia conseguido criar, ao longo de sua vida, um lugar sadio fora do arcabouço sufocante de seu lugar de origem: uma família constituída por ele, que representava sua porção saudável, sua capacidade onírica, imaginativa e fecunda, um mundo onde ele nunca pôde viver legitimamente e por inteiro: vale lembrar suas últimas palavras ditas à filha mais velha, de que ele queria que os filhos fossem felizes, pois apenas isso teria dado sentido à sua vida.

Em um capítulo de seu livro *A sombra do objeto*, Bollas (1992) escreve sobre a "doença normótica" e inicia o capítulo citando uma passagem de *O brincar e a realidade*, de Winnicott: "[...] é a apercepção criativa, mais do que qualquer outra, que faz o sujeito sentir que a vida vale a pena ser vivida" (p. 71).

A coelha cinza com seus filhotes era seu lado criativo e sadio, que ficou salvaguardado nos filhos e em sua capacidade de serem felizes, o que para Ares representava sua própria "apercepção criativa".

O irmão de Ares sofreu uma cirurgia profunda, que poderia levar uma pessoa em um estado emocional saudável a entrar em choque, perdendo os sentidos. A alienação em relação ao próprio corpo vivida por seu irmão era tamanha que o impediu de entrar em contato com a dor. Este havia sido o comentário feito pela sogra de Ares, diante de sua assustadora resignação, como se ele "pudesse manter-se impassível mesmo se fosse espetado por mil agulhas".

Irônico pensar que isso aconteceu anos depois na realidade, quando Ares adoeceu e foi hospitalizado. Que foi quando, justamente, recuperou o contato com a própria dor e com sua posição absolutamente indefesa diante do sofrimento.

A imagem psicossomática desempenha um papel tão fundamental na constituição da identidade do *ego*, que a maneira como um indivíduo "vive" o seu corpo nos informa consideravelmente a respeito da natureza de sua relação com o mundo dos outros. [...] e quando o corpo não é mais capaz de significar a diferença entre o ser e o outro, o interior e o exterior, quando o sujeito não acredita firmemente "habitar" o corpo, as relações com os outros correm o risco de se tornarem confusas ou até mesmo terrificantes. [...] O papel da mãe na nominação dos estados afetivos também é fundamental para a organização psicossomática da criança. A criança só poderá adquirir um corpo, tornar-se consciente dos sinais que ele emite, estar apta a elaborar simbolicamente, através do pensamento verbal e da vida imaginária, dos acontecimentos físicos e emocionais que vive, no interior da relação mãe-criança. (Bollas, 1992, p. 157)

Paradoxalmente, Ares resgatou a dor e a capacidade de senti-la em toda sua extensão quando a alienação em relação a seu próprio corpo havia atingido proporções quase fatais. Como Groddeck escreveu, foi uma "chacoalhada" do Isso tentando mostrar que ele não estava vivendo bem por ter-se afastado demasiadamente do Originário.

2 - NORMOPATIA E PENSAMENTO OPERATÓRIO

A ideia de um pensamento operatório hipertrofiado, como foi apresentado por Pierre Marty e Michel M'Uzan, investido de uma importância desmesurada como forma de tentar ancorar o sujeito à realidade concreta, nos faz lembrar os inventos de Ares. Ao projetá-los, Ares se perdia numa exacerbação de raciocínio operatório, como se literalmente "mergulhasse" na atividade de "operar mecanicamente", de forma a fugir de qualquer vivência subjetiva. Era mais um raciocínio do que propriamente um pensar, como uma máquina rodando em círculo, perdido num labirinto de detalhes, como forma de evitação.

Opondo-se a essa ideia de Pierre Marty e de Michel M'Uzan, (de que a somatização não tem um sentido, não é o retorno do recalcado e o sintoma não está endereçado a alguém), Cristopher Dejours sustenta que na somatização há uma eleição, tanto de órgão como de função.

Podemos pensar que Ares sofreu uma somatização, pois a pulsão foi descarregada diretamente no somático, sem representação. No entanto, houve um sentido para seus sintomas, que eram símbolos claros de tudo o que ele não pôde viver nem dizer à sua família.

O pensamento operatório, que Ares utilizava todas as vezes em que se dedicava a planejar um novo invento, foi um dos principais conceitos formulados pelos psicossomatistas franceses e é explicado por eles como uma consequência da sobreadaptação: o normopata desenvolve um tipo de raciocínio capaz de operar de forma competente com a realidade concreta e objetiva, mas é um raciocínio "maquinal", por isso operatório, destinado a "operar" a realidade concreta e utilizá-la como escape da realidade subjetiva.

Ares manifestava uma sobreadaptação ao ambiente, uma submissão às convenções e também um excessivo apego à realidade material, tendo sido justamente esse o elemento causador de sua última grande desestabilização: quando soube da venda da fazenda de sua irmã e do roubo do qual ele mesmo tinha sido vítima, por informação de seu pai.

Mas Ares não manifestava o empobrecimento do imaginário característico do normopata, nem do doente normótico de Bollas. Era escritor e poeta, escreveu um romance reconhecidamente bom em termos literários e várias poesias de comprovada qualidade. Além disso, tinha sonhos ricos de *insights*, que puderam ajudá-lo ao longo dos anos de terapia.

Por outro lado era calado, incapaz de falar de si e de suas experiências subjetivas, o que tornava seus silêncios aflitivos aos que o cercavam: embora estando presente, era como se estivesse sempre fora de alcance. E estava realmente fora de alcance: não por esconder suas emoções, nem por se mostrar secreto, mas por não ter acesso, ele mesmo, a algumas de suas funções subjetivas. Exatamente como o normopata descrito pelos diferentes autores que foram citados aqui.

Joyce McDougall (1983) estabelece uma diferença essencial entre o somatizador e o normopata:

> Os analisandos-robôs diferem desse perfil clínico em dois aspectos importantes: primeiro não apresentam doenças psicossomáticas, e, em segundo lugar, o fator de inércia é contrabalançado nesses indivíduos pela agressividade dirigida a certas pessoas ou a determinados aspectos da vida, suscitando-lhes uma irritação considerável e contínua. (A expressão da agressividade parece inexistente em doentes psicossomáticos). (p. 92)

E ainda que já tenhamos concluído não se tratar de um somatizador, Ares adoeceu e morreu devido a uma somatização, que o acometeu de forma grave e fatal.

Longe de ser um fracasso em nossa análise psicanalítica, a história de Ares parece ser um desafio, uma vez que nos mostra que uma pessoa é muito mais do que todas as tentativas de classificá-la. Ele abre, com isso, possibilidades de ampliação e de aprofundamento de nossa reflexão.

Alguns pontos essenciais continuam em aberto em nossa indagação: numa família como a de Ares, em que todos os membros facilmente cederam à norma vigente, se adaptaram e propagaram a tradição sem conflitos (com exceção de sua tia esquizofrênica), o que aconteceu especificamente com ele, que não foi assim?

Bollas (1992) escreveu:

> Não compreendo por que algumas crianças cedem a essa atmosfera familiar e se tornam normóticas e por que outras não. Não estou afirmando que adultos normóticos produzem inevitavelmente crianças normóticas. Embora as pessoas que se tornam normóticas devam ter vindo de famílias normóticas, algumas crianças criadas nessa atmosfera conseguem descobrir e manter um mundo subjetivo particular que contrasta violentamente com a vida dos pais. Outras se transformam em eternos delinquentes, registrando a vida subjetiva através de procedimentos constantes de atuação, num testemunho de sua rebelião contra a mentalidade normótica. A diferença entre as crianças normóticas e aquelas que emergem para a saúde (ou neurose) talvez esteja no fato de que algumas encontram uma forma de se espelharem mesmo que os pais não proporcionem essa situação. Encontrando seu reflexo em outro lugar, internalizam uma função especular e utilizam diálogos intrassubjetivos como alternativas para o jogo interpessoal. Desenvolvem uma capacidade introspectiva, e a vida para elas será significativa mesmo se incompleta. (p. 178)

As palavras de Bollas nos fazem lembrar os "nichos" de criatividade que se mantiveram a salvo do esfriamento da doença normótica de Ares: os livros e poesias que escreveu, os inventos que projetou, a família que constituiu, os filhos que teve. Não se pode dizer que era um normótico típico, embora tenha adoecido por cair na armadilha da normopatia. Vivia num movimento pendular entre dois pontos que o atraíam igualmente: a completa adaptação às convenções de um lado (doença normótica) e a vida livre e criativa de outro.

Ares parecia viver esse conflito que nunca se resolveu, o que sugere que não se tratava de um conflito, mas sim de um paradoxo, que se manteve como tal durante toda a sua vida, durante o adoecimento até sua morte. O que os longos anos de terapia lhe possibilitaram, como escreveu Flávio Ferraz, não foi a cura nem a solução do paradoxo, mas condições mais fáceis em questões de menor importância.

Nossa indagação passa ainda por outra evidência: temos, de um lado, uma família autoritária, tradicional, materialmente rica, que zela obstinadamente pela transmissão às futuras gerações de sua cultura dominadora, convencional, com a manutenção de seus valores, que são: supervalorização do material, dos laços de sangue, de uma vida desafetada e de uma hierarquia de poder.

De outro lado temos um indivíduo que faz parte dessa mesma família (e que, portanto é herdeiro dela e de todas as suas regras), que partilha de sua convenção e que, de repente, é acometido de uma doença sanguínea grave, que atinge as células que produzem sangue e que afeta um órgão (a medula óssea) altamente especializado e específico, ou seja, órgão que não pode ser substituído, emprestado, nem transplantado. Um órgão que diz respeito à especificidade de cada um.

A metáfora é gritante e responde à parte da indagação que fizemos anteriormente: há um sentido simbólico no adoecimento? Há um sentido simbólico na escolha da doença numa somatização? A história de Ares nos responde que sim.

A doença somática apareceu onde já havia uma doença emocional e familiar prévias. É uma doença geracional, tanto no sentido de que atravessou gerações ("contagiou" gerações), como atacou a sede da "geração" sanguínea. E não era apenas a medula óssea que estava doente, mas algo que vinha sendo transmitido por linhagem sanguínea, ou seja, uma doença com hereditariedade emocional.

    O conflito que Ares sempre viveu entre o desejo de ser "um deles" em meio à família e de, ao mesmo tempo, inaugurar uma nova vida para si (em outros moldes e em outras bases), sofreu um curto-circuito fatal.

    Por ser herdeiro de uma tradição de sobreadaptados, Ares não contava com o aparato afetivo, com a estrutura subjetiva necessária para enfrentar um curto-circuito desta magnitude. O curto-circuito atingiu em cheio o somático: por não dispor de capacidade de elaboração simbólica, a catástrofe "vazou" para o soma, causando uma lesão irreversível na "fonte" produtora de hereditariedades: sua medula óssea.

    Ares parece ser uma resposta possível à questão defendida por Pierre Marty e Michel M'Uzan, quando escreveram que na somatização o sintoma não é endereçado inconscientemente ao outro: Ares somatizou, mas ao mesmo tempo endereçou inconscientemente seu sintoma ao outro.

    Abrindo-nos, com isso, uma verdadeira avenida de novas indagações.

3 – GEORG GRODDECK E O SIMBÓLICO DO ISSO

    Walter Georg Groddeck nasceu em 13 de outubro de 1866 numa pequena cidade da antiga Prússia, chamada Bad Kösen. Filho de pai médico e de mãe ligada ao meio cultural, que era muito agitado na Alemanha da época, era o caçula dos seis filhos de seus pais. Convidado pelo pai, um antialopata convicto, ingressou na faculdade. Quando seu pai morreu, Groddeck encontrou outro mestre que iria influenciá-lo, o carismático Ernst Schweninger, que teve um papel decisivo em sua formação. A medicina do final do século XIX tinha uma forte tendência cientificista, que enfatizava a doença. Groddeck tinha outra concepção do adoecimento: via o médico não como um cientista, mas como um artista, e a medicina como um exercício de criação. Criticava a visão dual da medicina e defendia uma visão monista do ser humano, defendendo que toda doença era manifestação do Isso. Concebia outra relação médico-paciente e em seus tratamentos lançava mão de métodos terapêuticos os mais variados, como banhos, dietas e massagens. Elaborou ideias muito diferentes das que eram preconizadas pelos médicos da época e foi o precursor do conceito de Isso, que o próprio Freud adotou e passou a chamar de Id. Foi o pioneiro da medicina psicossomática, embora esta não seja uma palavra adequada para a medicina que era praticada por ele: tinha uma concepção monista e indivisível do homem, e sustentava que toda doença é uma manifestação simbólica do Isso e que não existe doença alguma que não tenha participação psíquica, pois o ser humano é um só.

Surpreendia ouvintes e leitores com tratamentos *sui generis*, que incluíam conhecimentos naturalistas, sugestivos, hipnóticos e psicanalíticos, que associava a massagens, culinária dietética, banhos etc.

Havia uma camaradagem respeitosa entre Groddeck e Freud, embora Groddeck tivesse se sentido roubado em suas ideias e preterido pelo meio médico da época, quando soube das ideias psicanalíticas de Freud. Eram contemporâneos e, enquanto Freud clinicava e formulava sua teoria, ao mesmo tempo Groddeck clinicava e criava a sua. Algum tempo depois se autodenominou o "psicanalista selvagem" e, embora concordassem em muitos pontos da teoria psicanalítica, a visão que Groddeck tinha do Inconsciente é muito peculiar e distinta da de Freud.

As ideias de ambos a respeito do Inconsciente, embora paralelas em muitos pontos, divergem em outros. Para Freud, o

Id é uma instância psíquica pessoal, a sede e depositário do recalcado, enquanto que para Groddeck o Isso é uma composição de *ids* pessoais, e tem um caráter *im*pessoal e *suprapessoal*.

Para compreender Groddeck, é indispensável conhecer suas ideias a respeito da natureza do Isso: para ele o Isso é o originário da espécie humana, de onde tudo vem e para onde tudo vai e, principalmente, uma instância impessoal que sempre se manifesta simbolicamente e que não é de natureza psíquica, embora se manifeste psiquicamente também.

Diferentemente de Freud, que conceitua a simbolização como uma capacidade emocional resultante de um sofisticado processo de desenvolvimento pulsional e afetivo, Groddeck sustenta que o Isso é a base do humano e não um produto seu. Todas as expressões humanas, artes, línguas, culturas, filosofia, são diferentes expressões do Isso, assim como as doenças e a morte.

Sendo fonte do originário humano, o Isso manifesta-se de muitas formas diferentes, mas sempre numa linguagem simbólica. Por ser de natureza suprapessoal, manifesta-se sempre através de um Eu que lhe sirva de canal de comunicação.

Para Groddeck, há vários Eus: há o Eu da infância, o Eu da vida adulta, o Eu moral, o Eu sexual, o Eu assassino e o Eu santo. Todos eles estão igualmente presentes a cada instante da vida humana e são as facetas através das quais o Isso se manifesta. A ideia de doença é a de que quando o Eu perde sua função de instrumento de manifestação do Isso e passa a comandar em vez de servir, o ser humano adoece, por perder o contato com o originário, que é a fonte de vida.

Cada Eu está vinculado ao Isso e manifesta um sentido do Isso. O conjunto de todos estes elementos constitui a vida psíquica e faz parte da vida psíquica o fluxo simbólico constante: o Eu é a forma, o Isso é o conteúdo.

Groddeck critica a modernidade por entronizar o Eu que, passando a funcionar como *ego* narcísico, perde sua função de mediador para se transformar em fim em si mesmo, o que traz adoecimento físico e emocional. A linguagem e a arte são grandes meios de expressão do Isso. Os símbolos originários são sempre ambivalentes e trazem consigo seu oposto. Este paradoxo, de cada elemento simbólico trazer sempre consigo seu oposto, está presente em todos os aspectos da vida humana: dois elementos que aparentemente são opostos, na verdade, são os dois lados de uma mesma moeda, inconscientemente não são dois elementos, mas dois atributos opostos e complementares de um mesmo evento.

O pensamento de Groddeck não é linear, mas multifacetado e sua concepção do Isso é filosoficamente abrangente; utiliza um tipo de pensamento que se amplia em raios centrípetos a partir de um núcleo central e que se desdobra em espiral, associativamente: análogo ao pensamento do processo primário, associativo e paradoxal. A base fundamental das ideias de Groddeck é seu conceito de Isso.

Em um texto sobre o Isso em seus *Estudos psicanalíticos sobre psicossomática* Groddeck (2004) escreveu:

> Esta é uma reflexão sobre o Isso. Em vez da frase: eu vivo, ela defende a seguinte ideia: eu sou vivido pelo Isso.
> Quanto à pergunta, o que é esse Isso, eu não tenho nenhuma resposta. Posso, contudo, fazer algumas indicações, e é nesse sentido que devem ser lidas as páginas seguintes.
> Uma criança de três anos fala de si na terceira pessoa, coloca-se ao lado de si mesma, age como se houvesse em sua pele uma personalidade alheia que é vivida por alguma outra coisa. A criança só entende o conceito e a palavra Eu depois, numa fase em que, há muito tempo, é capaz de pensar e agir de acordo com a razão. Nunca se deve perder este fato fundamental. Ele dá a entender que o Eu ou *Ego* não passa de uma forma de manifestação, que é a forma de expressão do Isso. (p. 29)

Ainda referindo-se ao Isso, Groddeck (1992) acrescenta:

> Se a tentativa de trazer suas ideias até o leitor por meio deste trabalho fracassar, então peço que se leve em conta que não foi Freud quem escreveu este livro e que a psicanálise não pode ser responsabilizada pelos balbucios de um indivíduo. Uso propositalmente a expressão balbucio, não por modéstia, mas porque sobre o Isso não se pode falar, senão apenas ensaiar palavras. (p. 118)

A forma peculiar de Groddeck escrever e de apresentar suas ideias está em íntima relação com as suas concepções: ele sugere, cria parábolas, utiliza inúmeros exemplos, sem nunca recorrer a modelos racionalistas, nem se preocupar com definições acabadas dos conceitos que utiliza.

Para ele, os diversos Eus manifestam-se de maneiras específicas. Como pudemos ver na citação acima, o Eu criança é o que guarda a maior conexão com a espontaneidade do Isso e por isso mesmo é o primeiro a se manifestar quando a pessoa adoece: quando ficamos doentes, estamos fracos e precisamos de uma mãe para cuidar de nós.

No registro do Isso não há separação entre orgânico e psíquico, tudo é um continuum. Esta peculiaridade de teoria de Groddeck explica suas variadas terapêuticas, que utilizava desde massagens e banhos a sessões de psicanálise e orientação dietética: há muitas formas de se possibilitar a re-harmonização de uma pessoa com o originário e Groddeck defendia a ideia de que se deve fazer todo o necessário para possibilitar a cura de uma pessoa doente, seja o tratamento que for.

Uma das maiores qualidades do trabalho de Groddeck é que sua visão da natureza humana não contém a dicotomia corpo-psíquico, problema em torno do qual tanto a medicina como a psicanálise sempre giraram, sem encontrar uma saída satisfatória. Foi essa mesma dicotomia que tornou necessária a criação de uma área de estudo chamada "psicossomática", na tentativa de reintegrar lados que de fato nunca estiveram separados.

Na visão de Groddeck (1992), uma pessoa doente manifesta-se assim porque se afastou do originário e porque não estava obedecendo as leis do Isso. Essas manifestações de adoecimento podem ser de naturezas diferentes: físicas, psíquicas ou ambas, já que esta divisão não existe e não pode existir corpo sem psíquico, nem psíquico sem corpo. Quem adoece é o ser humano e quem necessita de cuidados e tratamento é o ser humano, como um todo.

E como o Isso é uma instância simbólica por excelência, toda doença é símbolo:

> Doença e saúde são tidos por opostos. Mas não o são, do mesmo modo que o frio e o calor não são opostos. Assim como estas duas sensações são a expressão de diferentes comprimentos de ondas de um mesmo raio, a doença e a saúde são formas de expressão de uma só vida. A doença não vem de fora, não é um inimigo, mas sim uma criação do organismo, do Isso. O Isso — ou chamemo-lo de força vital, de si próprio ou do organismo — esse Isso, do qual nada sabemos, e não reconhecemos senão uma ou outra forma de manifestação, deseja expressar alguma coisa com a enfermidade; ficar doente tem que ter um sentido. (Groddeck, 1992, p. 96)

A aceitação de Groddeck do aspecto simbólico do Isso e de sua determinação inexorável a tudo o que acontece ao ser humano é uma conceituação importante para superar a dicotomia cartesiana presente não só na medicina, como na própria psicanálise. Esta ideia se contrapõe, por exemplo, à ideia de Pierre Marty e de Michel M'Uzan, de que na somatização não existe sentido para a doença. Para Groddeck esta possibilidade simplesmente não existe, uma vez que todo organismo humano está sob a inteligência e a expressão simbólica do Isso. E assim como não pode existir corpo sem psiquismo, não pode existir psiquismo sem corpo. Portanto, para Groddeck seria inconcebível uma doença sem sentido, já que tudo na vida humana tem um sentido, determinado pelo Isso.

Sua teoria insere um sentido transcendente tanto à medicina quanto à psicanálise. No capítulo em que abordamos a relação entre psicanálise e medicina, apontamos algumas analogias existentes entre processos fisiológicos e processos psíquicos. Todo aquele que estuda a fundo a fisiologia humana chega muito perto de ter as conclusões que Groddeck teve a respeito da ação do Isso. Há, nos processos fisiológicos e psíquicos humanos, uma espécie de "inteligência" natural, que segundo Groddeck é atributo do Isso: "inteligência" ou "sentido", que seriam inerentes à força ou energia vital.

Reconhecendo o sentido transcendente de sua teoria, Freud o chamou uma vez de "místico", embora o considerasse um psicanalista e respeitasse suas ideias.

O sentido da doença, para Groddeck (1992), não pode jamais ser determinado genericamente, já que não há limites definidos entre saudável e doentio, e por não ser possível determinar categoricamente onde começa a enfermidade e onde termina a saúde. Como ele mesmo escreveu: "nossa situação corresponderia ao ponto zero da determinação do calor" (p. 97).

O determinismo do Isso não opera apenas nas doenças, mas também nos acidentes, quedas, fraturas. E ainda que essa ideia não seja absolutamente estranha aos psicanalistas, podemos dizer que Groddeck leva esse determinismo às últimas consequências, que é exatamente o que supera a dicotomia corpo-psíquico.

Escrevendo a respeito de uma queda, por exemplo: alguém sai do banheiro, vai até a sala, tropeça num batente, cai e quebra a tíbia direita:

A fim de descobrir que sentido tem esse acontecimento para o meu juízo, eu analiso as consequências. [...] A advertência a ser cuidadoso é imposta pela fratura do osso, a impelir que se continue andando do modo costumeiro. O sentido é o seguinte: como você faria coisas piores ainda do que já fez, se continuasse andando, porque a direção que você escolheu iria expô-lo a perigos mortais, faria você cair nos abismos insondáveis do inferno, eu, o seu Isso, fazendo uso de minhas faculdades plenipotenciárias, deixo você inerte provisoriamente por algumas semanas. Retire-se da vida, deite na sua cama, seja criança e você encontrará uma mãe que cuide de você. (Groddeck, 1992, p. 98)

A natureza transcendente e onipotente do inconsciente fica muito clara nessa citação. Assim como o determinismo simbólico de tudo o que afeta a vida humana. O papel que Groddeck imagina que o Isso desempenhe na situação citada, no entanto, muda dependendo das contingências.

Assim como, num sentido oposto, as relações que cada um estabelece com o Isso é que irão determinar saúde ou doença, quedas nos abismos insondáveis ou ascensões sublimes, os diferentes Eus podem empanar a expressão do Isso, levando, entre outras consequências possíveis, ao aparecimento de doenças.

Pensando a respeito de Ares, as palavras de Groddeck parecem ser muito esclarecedoras e de fato confirmadoras de constatações que sua história já nos havia levado a fazer, como, por exemplo: havia uma doença ligada à herança, aos laços de sangue, à possibilidade de se defender e de ser agressivamente potente na construção da própria individualidade.

Seguindo a trilha de Groddeck: isto foi exatamente o que aconteceu com Ares e — ainda mais interessante e terrível... — foi exatamente isso o que aconteceu nos dois níveis, somático e psíquico, analogicamente. Podemos ler seus sintomas tanto em termos físicos como emocionais. ...

(Ao acabar de escrever a palavra "emocionais" na frase anterior, tive um ato falho e escrevi "hemo-cionais", ou seja, o Isso veio em meu auxílio e criou uma neologismo esclarecedor para o processo de Ares: ele adoeceu por problemas *hemo*-cionais. Como sabemos, a raiz latina *"hemo"* refere-se a sangue. Neologismo que expressa uma condensação e que brinca com a etimologia: bem ao gosto de Georg Groddeck...)

Em poucas palavras, vou me referir à importância do sintoma para a atribuição de um sentido à enfermidade. Quanto a isso, deve-se proceder francamente, eu diria que quase candidamente como uma criança. O ser humano tem as pernas para andar. Portanto, o sentido da fratura e de qualquer afecção dos membros inferiores é o seguinte: o Isso acha melhor não andar temporariamente. Tratando-se de uma moléstia das mãos, pressupõe-se a proibição de usá-las, talvez diante do perigo de roubo, do onanismo, de um ato violento ou de qualquer outra ação ou fantasia que o despótico Isso considere improcedente. Nas afecções que atingem as aberturas do corpo, pode-se atribuir o sentido de que o Isso não quer deixar entrar em si, ou sair de si alguma coisa. As erupções cutâneas têm a finalidade de assustar ou atrair, pois a lei é essa: cada ação do Isso tem um duplo sentido, um senso e um contrassenso, ou talvez um múltiplo sentido. Haveria inúmeros exemplos, mas a minha opinião a respeito está dita. Só quem não quer ver e não pode ver, duvida de que essa atribuição de sentido, como sugerido por mim, é um patrimônio comum a todos os seres humanos, que necessariamente devemos dar-lhe um sentido. Neste contexto, seria indispensável lembrar que os gregos imaginavam Homero como sendo cego e Hefestos, coxo. Ao primeiro, atribuíram um Isso que, por meio da destruição do mundo visual, impedisse qualquer interferência na sua riqueza interior, ao segundo, um que lhe tirasse a liberdade de movimento, prendendo-o à bigorna. O caminho, que aqui indiquei brevemente, é bom para se trilhar e oferece muitas perspectivas. (Groddeck, 1992, p. 102)

A representação do tempo e do espaço na vida humana coexistem potencialmente no Isso: adulto, criança e velho partilham suas singularidades em cada um de nós, e a todo momento toda a diversidade está presente na unidade. Este é um dos aspectos em que o conceito de Isso para Groddeck e de Id para Freud se assemelham: o processo primário é atemporal, não há sequência cronológica e há uma concomitância de elementos e de acontecimentos: é o fluxo do Inconsciente.

Como essa concomitância dos diferentes momentos da vida está sempre acontecendo, faz-se sempre presente também a relação mãe-bebê que um dia foi vivida por aquela pessoa: esta experiência é a matriz de todas as suas relações afetivas.

Para Groddeck, o símbolo é que cria o homem e não o homem que cria o símbolo, pois o originário tem natureza simbólica. A própria criatividade humana está enraizada no organismo.

Winnicott defende as mesmas ideias quando diz que, ainda que o homem possa ser criativo, ele não cria nada, simplesmente recoloca o preexistente. E como os símbolos do Isso se desdobram em uma analogia associativa sem fim, ideias de segurança, por exemplo, de proteção, calor, aconchego, conforto, são sempre referências simbólicas ao ventre materno. Para Groddeck, todas as ideias existentes na vida humana que possam estar associadas a estes elementos são metafóricas umas das outras: casa, armário, gaveta, envelope, caixa, ninho, caverna...

Para a "psicossomática" de George Groddeck, uma pessoa adoece porque se distanciou do originário e o Isso lhe comunica este distanciamento por meio do adoecimento. Adoecer, portanto, é a perda temporária de contato com a expressão simbólica.

As ideias de Groddeck também confirmam o que já vimos na vida de Ares: por ter tido um contato muito perturbado com o originário, uma real impossibilidade de viver o processo de alteridade de forma saudável e de permanecer fiel a seu Eu criança (um Eu criança que foi levado a se submeter desde muito cedo aos condicionamentos ambientais e às convenções sociais), Ares começou a se distanciar da realidade simbólica, prendendo-se excessivamente à realidade externa e ao mundo material, que o chamava a olhar para fora, alienando-se do Isso.

Em sua teoria, o vínculo primordial com o outro acontece por meio do ritmo, quando o bebê escuta o som da batida do coração da mãe. Partindo do ritmo, seguem-se todos os elementos analógicos a ele: entonação de voz, música, poesia, respiração, movimento cadenciado, pulsação, movimentos do líquido amniótico, o dançar, os movimentos sexuais.

Na asma, por exemplo, o que ocorre é uma angústia respiratória, quando o pulmão não consegue exercer seu ritmo natural de expansão e contração e se mantém apertado, o que leva ao adoecimento.

"No início, o amor é calor", escreveu Groddeck.

Isso nos faz lembrar o sonho de Ares, de estar dentro de uma mãe-caveira. O Isso se manifestou em sonho, comunicando muitas coisas através desta imagem: como era sua relação com a mãe, como era a mãe que ele tinha dentro dele: uma caveira é análoga à morte, à dureza, ao frio, à prisão, à imobilidade, à solidão. Era esta a relação mãe-bebê que o Isso manifestava no sonho de Ares: em vez de retratar o aconchego, o reasseguramento e o calor simbólico da mãe, retratou-o na prisão de imobilidade, dureza e frio: a mãe de um normótico, mãe-caveira que o aprisionava aos dogmas de um mundo material supervalorizado, concreto e frio.

O sonho era muito claro e um símbolo muito evidente de que este tipo de relação mãe-bebê era mortífero. Ou seja, o Isso dizia a Ares: "Veja: um bebê com uma mãe assim está sendo levado à morte e não à vida". Groddeck critica a visão que nossa cultura tem do adoecimento, como sendo algo contrário à vida. Sua visão é a de que o adoecer faz parte da vida.

Em uma série de conferências realizadas no Brasil em 1986, André Green (1990) respondeu a algumas perguntas feitas pela plateia. Em uma delas, abordou ideias interessantes a respeito do *continuum* que existe entre psiquismo e soma e entre processos somáticos e emocionais.

> [...] o que é certo é que o conhecimento biológico que temos atualmente das estruturas mais elementares nos mostra que nosso organismo é extremamente inteligente. Se vocês tiverem um pouco de imaginação e se alguém descrever, por exemplo, o mecanismo da síntese das proteínas, ou o de certos circuitos hormonais, com seus *feedbacks*, com um pouco de imaginação, vocês encontrarão aí mecanismos análogos aos do funcionamento psíquico. Não quero dizer que esses mecanismos biológicos expliquem os mecanismos psíquicos. O que quero dizer é que a montagem desses mecanismos faz pensar em algumas das nossas descrições sobre o funcionamento psíquico. (p. 88-89)

Vale lembrar aqui um exemplo de uma analogia dessa natureza, entre funcionamento fisiológico e funcionamento psíquico: em sua obra, Groddeck ressalta o aspecto simbólico do Isso e de todos os fenômenos da vida humana. Em um de seus textos, ele escreveu sobre os símbolos do nascimento, do parto, da mãe, da vagina como um túnel que lava o bebê com sangue (vindo daí o sentido do calor, o de ser envolvido por um embalo rítmico como experiências ligadas à mãe, o que conserva a ambivalência do "abraço" que pode ser ao mesmo tempo sentido como sufocante e angustiante no caso de impedir um trânsito fácil na direção da luz...) etc.

É interessante que a forma como Groddeck apresenta o Isso nos faz pensar que ele está se referindo à "inteligência" da natureza, ideia que também foi expressa por outros grandes teóricos, entre eles Einstein, que muitas vezes reconheceu esse mesmo "sentido" subliminar a todos os processos naturais.

A relação evidente entre corpo e psiquismo, apresentada por Groddeck, evidencia-se em muitas outras áreas do conhecimento humano. As figuras mostradas a seguir revelam alguns padrões que se repetem na natureza e que sempre intrigaram eruditos e estudiosos de todos os tempos por serem manifestações estruturais idênticas, que se manifestam de diferentes formas e em diferentes lugares.

O exemplo mais gritante deste padrão é a Proporção Áurea (ou Razão Áurea), evidência da Inteligência subliminar a toda a natureza.

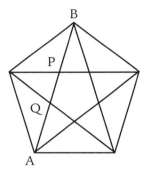

Séculos antes de Cristo, os pitagóricos estudaram as relações entre os segmentos de um pentagrama (figura acima) e descobriram um número de importância histórica na geometria, na estética, na arquitetura e na biologia. Este número foi chamado, mais tarde, de Número Áureo ou Razão Áurea e possui a designação *phi* (PHI maiúsculo), que é a inicial do nome de Fídias, escultor e arquiteto do *Partenon*. Descoberta por Pitágoras em um pentagrama, foi a razão que o levou a dizer que todo o universo é feito de números. A Proporção Áurea é uma constante real algébrica, que pode ser representada por um número, e que por ser uma proporção, sempre foi muito utilizada na arte, nas pinturas renascentistas, como as do mestre Giotto. Este número está envolvido com a natureza do crescimento e aparece muitas vezes na natureza, como por exemplo: na proporção de medida das conchas, nos seres humanos (tamanho das falanges dos dedos em relação à mão), na relação dos machos e fêmeas de qualquer colmeia do mundo e em muitos outros exemplos que envolvem crescimento. E justamente por aparecer com tanta frequência na natureza, o número sempre foi do interesse de pesquisadores, artistas, arquitetos e escritores. Está envolvido em crescimentos biológicos e o fato de ter sido encontrado por meio de equação matemática é o que o torna tão fascinante. Alguns exemplos de ocorrência da Proporção Áurea:

- Relação entre a altura do corpo humano e a medida do umbigo até o chão;
- Relação entre a altura do crânio e a medida da mandíbula até o alto da cabeça;
- Relação entre a medida da cintura até a cabeça e o tamanho do tórax;
- Relação entre a medida do ombro à ponta do dedo e a medida do cotovelo à ponta do dedo;
- Relação entre o tamanho dos dedos e a medida da dobra central até a ponta;
- Relação entre a medida da dobra central até a ponta dividido e da segunda dobra até a ponta;
- Relação entre a medida do quadril ao chão e a medida do joelho até ao chão;
- Essas proporções anatômicas foram bem representadas pelo "Homem Vitruviano", obra de Leonardo da Vinci.

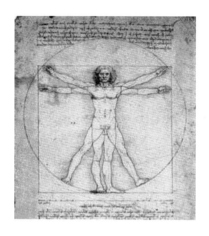 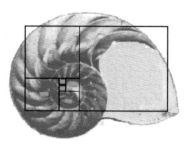

Outro interessante uso arquitetônico deste número encontra-se na Antiguidade. No Egito, as pirâmides de Gizé foram construídas tendo em conta a razão áurea: a razão entre a altura de uma face e metade do lado é igual à razão áurea. Há papiros que se referem a uma razão sagrada, que se crê ser "o número de ouro".

Toda essa longa exposição sobre a Proporção Áurea tem o intuito de exemplificar o tipo de leis que regem o Isso, conforme foi formulado por Groddeck. A Inteligência presente e invisível tanto nos processos fisiológicos como psíquicos, alude a essa mesma ordem natural à qual

> [...] desde tempos imemoriais, toda a humanidade procura conhecer e estudar o Isso, e pode-se dizer que não faz outra coisa senão investigar esse Isso que constrói a nossa pessoa segundo uma planta completamente elaborada, lhe dá a sua consciência e a ilusão do pensamento e da razão, além da sensação do *Ego*, que ele marca com a necessidade de culpa e penitência, que constrói tanto igrejas quanto cartas de baralho e castelos no ar, que nos ensina a amar e a inventar instrumentos de morte. Todo o nosso esforço e a nossa atuação têm por objeto esse Isso. A fim

de poder estudá-lo cientificamente, metodicamente, devemos fixar-nos em suas manifestações e aprender a língua que ele nos fala. [...] Se o Isso cria premeditadamente todas as doenças com certos fins, e se a enfermidade manifesta uma função do Isso, todo tratamento deve voltar-se ao autor da doença, ao Isso. [...] O que tudo isso tem a ver com a psicanálise? Muita coisa. No momento ela é com toda a certeza — e provavelmente no futuro também o será — o mais importante instrumento de tratamento e o mais exitoso método de cura que temos. (Groddeck, 1992, p. 118-120)

A avenida de possibilidades que sua abordagem abre, segundo suas próprias palavras, é por ser uma teoria que suplanta as limitações nas quais sempre tropeçamos, barreiras existentes entre medicina, psicanálise, fisiologia.

Mas quando dispomos de uma instância como o Isso formulado por Groddeck que, embora guarde certas semelhanças com o conceito de *Id* de Freud, excede em importância, em determinismo psíquico e em todas as outras ordens, nosso trajeto em direção a uma compreensão integradora da doença e do sentido de morte torna-se muito facilitado.

Além do mais, perde-se o caráter "aleatório", tanto da doença como da morte, pois ambas passam a ser determinações do Isso, ou perturbações que o Eu pessoal gerou para a manifestação de uma faceta do Isso.

Por meio da psicossomática de Groddeck podemos entender a doença de Ares como um distanciamento excessivo do originário, distanciamento a que ele foi forçado desde muito cedo, e podemos até dizer, condicionado por meio da "força bruta".

Lembrando as palavras de Groddeck, todos os acidentes pelos quais Ares passou, foram intervenções do Isso para evitar um mal maior, como exemplificou o autor no trecho que fala da tíbia fraturada.

Mas, estaria sua morte evitando alguma coisa? Se seguirmos essa lógica, o Isso estaria manifestando por meio da leucemia o grau de afastamento do originário que Ares havia atingido. Não seria, então, a morte, uma tentativa de reparação, ainda que pelo negativo?

V

O TRABALHO DO NEGATIVO

1 - JOHN KEATS E A CAPACIDADE NEGATIVA

> A capacidade da mente depende da capacidade do inconsciente — capacidade negativa. A não possibilidade para tolerar espaços vazios limita a quantidade de espaço disponível.
>
> (Bion, 1992, p. 304)

Ao elaborar este trabalho, pude contar com a colaboração indispensável do Isso, essa instância supra e impessoal a que sempre se refere Groddeck, e que se faz sempre presente de forma *sui generis* e tão criativa, como sempre costuma acontecer com os processos inconscientes que se manifestam "através" de nós. Quando o inconsciente — o Isso — se manifesta, o mais fascinante é que temos o privilégio de "assistir" ao processo, como uma história que estivesse sendo contada em sonho.

Ao escrever a história de Ares na primeira pessoa estávamos diante da anamnese de um caso clínico. Durante sua elaboração, já surgiam algumas reflexões e o diálogo interior com alguns autores e com suas ideias, sobre o que poderia ter se passado com Ares.

Na época, eu havia acabado de escrever um romance, chamado Islands. A história do romance começa quando uma moça, andando na praia, encontra uma garrafa fechada por uma rolha, com um papel dentro. A velha garrafa das histórias de pirata. A moça abre a garrafa e dentro dela há um canudo de papel com marcas do tempo, manchas amareladas, e um poema em inglês escrito nele: "When I have fears" (Quando eu tenho medos), John Keats. A história prossegue a partir daí, com a aventura da personagem principal e sua busca para desvendar o segredo da mensagem na garrafa.

Mas eu também começava uma aventura, propiciada pelo Isso, ainda que não tivesse consciência. O poema de Keats é o preferido de um amigo inglês, que havia comentado comigo a respeito de alguns de seus versos, poucos dias antes.

Como um registro diurno, foi este o poema que o Isso fez aparecer escrito no papel dentro da garrafa, na história que eu começava a escrever. Toda a história de *Islands* gira em torno da garrafa e do papel com o poema que havia dentro dela.

Certo dia, com a curiosidade aguçada por meu amigo e por seu poema preferido, estava pesquisando na internet sobre a obra de John Keats, quando me deparo com uma carta que ele escreveu a um irmão chamado George, onde ele desenvolve suas primeiras ideias a respeito do conceito de *negativo*.

Escritor do período romântico, que se tornou um dos maiores clássicos da literatura inglesa, Keats revela seu talento também em algumas grandes odes, na qual expressou a "capacidade negativa", segundo suas palavras, a capacidade de persistir na dúvida e no mistério, sem racionalizar, como na "Ode to a nightingale".

Eu estava às voltas com a história clínica de Ares e com quaisquer ideias que pudessem me ajudar na compreensão de seu processo, quando me deparei com a capacidade negativa de Keats.

John Keats chamou de capacidade negativa (*negative capability*) — algo que ele admirava muito em Shakespeare — o poder de compreender que nem tudo pode ser resolvido, a aptidão para aceitar os mistérios e as incertezas da vida sem a compulsão de racionalizar, de reorganizar e controlar. Para Keats, a genialidade de Shakespeare devia-se à sua capacidade de tolerar as incertezas, as meias verdades, os mistérios, sem a tentativa ansiosa de apreender fatos, utilizando-se da razão.

Em sua carta ao irmão, Keats fala da capacidade negativa na arte como a capacidade para se deixar tomar pela poesia, propiciando que o poema se faça a si mesmo, uma experiência semelhante àquela descrita por Adélia Prado quando se diz "tomada" pelo ato de escrever, que acontece no poeta, fazendo-o mero instrumento da criação artística, que se faz por si.

Prosseguindo em minha pesquisa do conceito formulado por Keats, descobri que Bion havia utilizado o mesmo conceito de capacidade negativa, adaptando-o à função do analista, ressaltando-o como algo a ser respeitado na clínica, princípio que ele descreveu como "abstenção de memória, de desejo e de necessidade de compreensão" (Bion, 1981).

Ao descobrir que Bion já havia utilizado o mesmo princípio da capacidade negativa aplicado à clínica, continuei um pouco mais em minha pesquisa e então encontrei os artigos de André Green sobre "O trabalho do negativo em o brincar e a realidade" e "O trabalho do negativo".

Nesses artigos, André Green aponta diretamente para a obra de Winnicott e para as ideias desenvolvidas por ele na clínica em relação ao negativo. Por uma sugestão inicial do Isso cheguei à John Keats e à sua capacidade negativa. Por associação, isso me levou a Bion, a Green e a Winnicott. Posso afirmar que o trajeto metodológico deste trabalho foi-me sugerido diretamente pelo Isso, pois a descoberta da capacidade negativa de Keats foi a primeira "sugestão" que recebi para começar uma reflexão teórica sobre Ares.

Confirmando as palavras de Groddeck (1992): "esta é uma reflexão sobre o Isso. Em vez da frase: eu vivo, ela defende a seguinte ideia: eu sou vivido pelo Isso". (p. 29)

André Green apresentou o conceito de negativo em Winnicott numa conferência de 1986, no Rio de Janeiro, focalizando-o num capítulo de *O brincar e a realidade*, ao fazer uma releitura do caso clínico de Winnicott intitulado "O cordão" e de uma outra situação clínica, de uma menina que perdeu os pais na guerra aos 11 anos de idade. Em ambos os casos fica claro, graças à reflexão de Winnicott, como algo toma o lugar da falta: o cordão era a tentativa do menino de vencer a falta de comunicação com uma mãe que poderia se fazer ausente a qualquer momento e sem aviso. No caso da menina, Winnicott localiza na transferência a "presença da ausência", como quando a menina se esquece de algo que queria contar a ele, substituindo-o pela amnésia.

O conceito de negativo tem um interesse clínico muito grande por levar a um primeiro plano a "presença de uma ausência". Não se trata de algo que simplesmente desapareceu ou que deixou de existir, mas que se tornou ausente e essa ausência prossegue sendo alimentada por algo que lhe toma o lugar.

André Green, em seu artigo sobre o trabalho do negativo estabelece uma diferença entre a negação na psicopatologia, como na psicose, e no desenvolvimento normal, ao relembrar Winnicott (1975) em *O brincar e a realidade*, quando ele ressalta o caráter "não é a mamãe" do objeto transicional, em contrapartida ao quanto este, ao mesmo tempo, "representa" a mamãe. O fato de o bebê ser capaz de saber que o objeto transicional, embora esteja sendo um substituto da mãe *não* é a mãe, é uma faceta do negativo presente no desenvolvimento sadio e até mesmo necessária como capacidade adquirida pelo bebê de "ter" uma subjetividade. Escreveu Winnicott: "O fato do objeto transicional não ser o seio (ou a mãe), embora real, é tão importante quanto o fato de representar o seio" (*apud* Green, 2003, p. 9).

Em seu artigo sobre o negativo, André Green (2003) escreveu sobre as duas concepções de negativo, que aparecem na obra de Winnicott, a concepção presente em um desenvolvimento normal, e aquela presente em situação patológica:

Partindo desta concepção de desenvolvimento normal, a obra de Winnicott concentra-se progressivamente em outra concepção do negativo. Até então, o negativo era uma qualidade inerente ao funcionamento psíquico — por exemplo, a possessão do não-eu, o paradoxo de não ser o seio e de ser o seio, assim como e ao mesmo tempo ser um substituto para ele, não ser um objeto interno ou um objeto externo, mas uma "possessão" etc. Daí em diante, Winnicott passará a descrever algumas questões patológicas que precisam de um "complexo enunciado" [...]. O bebê pode usar um objeto transicional quando o objeto interno está vivo, e é real e suficientemente bom (não muito persecutório). Mas esse objeto interno depende, quanto a suas qualidades, da existência, vitalidade e comportamento do objeto externo. "O fracasso deste em alguma função essencial leva indiretamente à morte, ou a uma qualidade persecutória do objeto interno" [...]. Após a persistência da inadequação do objeto externo, o objeto interno deixa de ter sentido para o bebê e então — e somente então — o objeto transicional também fica sem sentido. (p. 72)

O sonho da mãe-caveira de Ares é uma imagem poderosa de objeto interno persecutório, sonho que ele teve ainda na infância que, Groddeck diria, funcionou como um chamado do Isso alertando que algo ali não estava bem. Foi no processo de construir uma relação objetal mesma que a catástrofe se deu, deixando em seu lugar uma falha, uma lacuna, que muito mais tarde será expressa como o grande *não* que sua doença significou.

Green (2003) continua:

[...] esse esmaecimento das representações internas é o que eu relaciono à representação interna do negativo — "uma representação da ausência de representação", como eu digo, que se expressa em termos de alucinação negativa, ou no campo do afeto em termos de vácuo, vazio, ou, em menor grau, de inutilidade, ausência de significado. (p. 74)

O trabalho do negativo pode prosseguir mais ainda, levando ao estado de desintegração. Embora Ares tenha tentado por muitas vezes a superação da ancestral falha no processo de alteridade, como um elástico que era apenas esticado, ele se via em seguida remetido de volta à mesma lacuna, momentos depois. Todas as vezes que tentou uma reparação da fixação num negativo primordial, foi posto, mais uma vez, frente a frente com o risco da catástrofe, até que não pôde evitá-la.

Ao pensarmos a relação mãe-bebê nos termos em que Winnicott nos apresenta, podemos facilmente reconhecer a enorme importância do *holding*. Quando ocorre a separação e o *holding* foi feito pela mãe suficientemente boa, o bebê é capaz de encontrar substitutos internos que possam ocupar o lugar dos "braços" ausentes da mãe. E como o substituto interno dá sustentação, evita o desespero da falta e o negativo é compensado pela gratificação possibilitada pela alucinação prazerosa.

Porém, se as coisas não correrem de uma forma tão feliz, o bebê é confrontado com a experiência de catástrofe, de morte iminente, ele se vê diante do vazio, do vácuo, do nada, por impossibilidade de fantasiar um substituto garantidor de *holding* diante da falta dos braços amorosos da mãe. O bebê fica à mercê da desintegração, da destrutividade, diante da ameaça do nada.

No romance *A história sem fim*, Michael Ende (1997) conta a história de um mundo maravilhoso chamado Fantasia, que está ameaçado de desaparecer por estar sendo assolado por um inimigo brutal: o Nada. O Nada anda à galope, nada o detém e uma única coisa pode destruí-lo: o desejo de uma criança de carne e osso. Por se tratar de um livro dentro do livro, Bastian, o menino que lê o livro História sem fim, entra na história que está lendo e com seu desejo vence o nada e salva o reino de Fantasia.

O romance de Michael Ende é uma maravilhosa analogia do que se passa no início da vida, quando o bebê está às voltas com as ameaças da falta de sentido e com poucos recursos para enfrentar a falta de *holding*. Se num momento em que está sendo "ameaçado pelo Nada", como no romance, ele não contar com a própria Ilusão, pode ser tragado pelo Vazio, reduzindo seu mundo à desintegração.

André Green (2003) continua:

> Bion apresenta uma distinção importante entre o nada (*nothing*) e não coisa (*no-thing*) — o fato de que, para construir uma teoria do pensamento é absolutamente necessário partir da ausência do seio. É essencialmente a capacidade de tolerar a ausência do seio que é necessária para a criação dos processos de pensamento. Este "não seio" (esta "não coisa", *no-thing*) é totalmente diferente daquela outra palavra, quase idêntica, "nada" ("*nothing*"). Deve haver algum estado que está entre a perda absoluta e a presença excessiva, algum estado de tolerância da mente a qual estamos acostumados em termos de fantasia ou em termos de representação. Para mim, tanto a fantasia quanto a representação são maneiras de preencher esta lacuna, que indica um estado de experiência interrompida. Isso nos traz a Winnicott, que, acredito eu, estava bastante consciente deste fenômeno. O conceito de espaço potencial é um dos exemplos mais notáveis de como Winnicott pensava o problema do negativo sem realmente rotulá-lo ou fixar uma definição precisa. (p. 4-5)

A história de Ares foi trágica, e não dramática, porque buscou análise quando os danos da desintegração já se faziam sentir em seu corpo. A partir daquele ponto, ele não contava mais com os recursos de reparação naturais que pudessem lhe possibilitar o retorno.

Ainda que tenha retomado a análise, seu paradoxo existencial havia feito um *acting out* somático, representando "na carne" o que não havia tido a possibilidade de ser representado no psíquico. Ares sofreu a marca da falta, que se fez presente simbolicamente em seu sangue, em suas células, em seus músculos, por não ter tido condições de representá-la na mente, em palavras, em gestos, em símbolos. Os símbolos do Isso foram "atuados" em seu corpo, em vez de serem representados.

Green (2003): "O retorno da presença do objeto não é suficiente para remediar os desastrosos efeitos de tão longa ausência. A não existência tomou posse da mente — o *Nada de Michael Ende* — apagando as representações do objeto que precederam sua ausência. Este é um passo irreversível, pelo menos até o tratamento" (p. 84 italico meu).

Em *O brincar e a realidade*, Winnicott (1975) apresenta o conceito de negativo em dois casos clínicos. O segundo é o de uma mulher que na época da guerra foi levada pra uma região distante de onde morava e nunca mais viu seus pais. Ela conta a Winnicott as coisas que fazia antes de ser levada para longe, nos momentos em que a mãe estava ausente: puxar as pernas de uma aranha de papel, ver seu cãozinho brincar, olhar para um brinquedo, "clarões" de lembraça repentina, como ela os chamava...

> A paciente descreveu também diversas técnicas para lidar com a separação [...]. Tínhamos ali o retrato de uma criança e a criança possuía objetos transicionais que eram evidentes e todos eles simbolizavam algo e eram reais para a criança; gradativamente, porém, ou talvez, frequentemente, por algum tempo, ela teve de duvidar da realidade da coisa que eles estavam simbolizando. Isso equivale a dizer que, se eram simbólicos da devoção e da

fidedignidade da mãe, permaneciam sendo reais em si próprios, mas aquilo que representavam não era real. A devoção e a fidedignidade maternas eram irreais. Essas considerações pareciam aproximar-se do tipo de coisa que a assombrara durante toda sua vida, perder animais, perder os próprios filhos, de modo que formulou a frase: "Tudo o que consegui é aquilo que não consegui". Temos aqui uma tentativa desesperada de transformar a negativa numa última defesa contra o fim de tudo. O negativo é o único positivo. (p. 42)

Quando Ares, diante da carta da mãe, declarou: "se eu pudesse devolveria minha própria vida, porque foram eles que me deram", teve um gesto desesperado de (usando as palavras do próprio Winnicott): *transformar a negativa numa última defesa contra o fim de tudo*. Se a única possibilidade de conservar o que era seu, se a única via para se constituir enquanto sujeito, era se destituindo, fez do negativo seu único positivo: devolveu tudo o que não lhe pertencia, inclusive a vida — *porque foram os pais que a deram* — e afirmou a própria existência, destituindo-se de uma vida que não era a dele.

2 - A COERÊNCIA DO NEGATIVO

Coerência: do latim *cohaerentia*, ligação ou harmonia entre situação, acontecimentos ou ideias, relação harmônica, conexão, nexo, lógica; acordo do pensamento consigo mesmo, ausência de contradição.

Uma palavra que tem um antônimo, sempre o traz junto com ela. Pares de opostos: esta é uma das formas típicas do funcionamento inconsciente, que segue as mesmas regras da homeostase fisiológica: quando alguma coisa se sobressai na consciência, seu contrário sempre surge no inconsciente, numa espécie de lei da "compensação". Exatamente igual ao que se passa no equilíbrio hídrico da célula, no equilíbrio de sais da membrana plasmática. É o mundo analógico do processo primário, que vive sob a regra dos paradoxos. Quando dizemos quente, o frio está ali. Vazio, cheio. Pequeno, grande. E assim com todos os pares de antônimos: se achamos algo bonito, é porque o feio também está sendo considerado. Bom-mau, claro-escuro, aberto-fechado, muito-pouco, lento-rápido, alto-baixo e um sem-fim de duplas de antônimos que fazem parte do mundo dos sentidos. A polissemia das palavras é potencializada pelos pares de antônimos. Ao falarmos em negativo, necessariamente estamos nos referindo também ao positivo.

A palavra negativo tem dois sentidos principais na língua portuguesa: 1- algo mau, inferior, moralmente pejorativo e 2- o plano de fundo do positivo, que se torna visível em complementaridade ao positivo, como no negativo de uma fotografia.

Além disso, é interessante notar que todas as duplas de antônimos estão associadas entre si, as duplas são sempre analógicas. Assim, podemos dizer que o positivo da fotografia é claro e o negativo é escuro. Ou que as cores "quentes" são visíveis no positivo, enquanto as cores "frias" não e assim por diante, num desdobramento associativo que pode ser infinito, se quisermos.

Por existir esta associação não só na realidade objetiva, como na subjetiva também, esta mesma complementaridade ocorre entre consciente e inconsciente, com os dois lados do par de antônimos alternando-se na vida psíquica e mudando os papéis subjetivamente.

Freud (1976c) escreveu sobre a Negativa, sobre o qual o editor inglês escreveu a seguinte nota de rodapé:

> Diz-nos Ernest Jones que este texto foi escrito em julho de 1925. O assunto, contudo, estivera evidentemente nos pensamentos de

Freud por algum tempo, como é demonstrado pela nota de rodapé por ele acrescentada ao caso clínico de "Dora" em 1923. É um de seus mais sucintos artigos. Embora fundamentalmente trate de um ponto especial de metapsicologia, em suas passagens de abertura e encerramento, porém, aborda a técnica. Das referências nas notas de rodapé, veremos que ambos esses aspectos do trabalho tinham uma longa história preliminar. (Freud, 1976c, vol. 19, p. 293)

Como a nota de rodapé foi escrita antes do artigo, fomos buscá-la no caso Dora, onde Freud diz:

(Nota de rodapé acrescentada em 1923:) Há outra forma muito notável e fidedigna de confirmação partida do inconsciente, que eu não tinha identificado na época em que foi escrita, a saber, uma exclamação da paciente de "Eu não imaginava que", ou "Eu não pensei nisto". Isto pode ser traduzido francamente em: "Sim, eu estava inconsciente a respeito". (p. 55)

Em seu artigo sobre a negativa, Freud (1976c) comenta a espécie de "armadilha" que fazia a seus pacientes quando queria instigar material inconsciente:

Existe um método muito conveniente, pelo qual podemos às vezes obter uma informação que desejamos sobre material reprimido inconsciente. "O que", perguntamos, "o senhor consideraria a coisa mais improvavelmente imaginável nessa situação?" Se o paciente cai na armadilha e diz o que ele pensa ser mais incrível, quase sempre faz a admissão correta. (Freud, 1976c, p. 295)

André Green (1990), em suas conferências brasileiras. faz uma crítica jocosa a Freud e à inadequação deste ao fazer "armadilhas" a seus pacientes... mas o que nos interessa, em primeiro lugar, nas palavras de Freud (1976c) é esse aspecto de complementaridade entre consciente e inconsciente, que fica evidente na negação e em todas as situações em que ocorre uma negação.

A afirmação — como um substituto da união — pertence a Eros; a negação — o sucessor da expulsão — pertence à pulsão de destruição. O desejo geral de negar, o negativismo que é apresentado por alguns psicóticos, deve provavelmente ser encarado como sinal de uma desfusão de pulsões efetuada através de uma retirada dos componentes libidinais. [...] Essa visão da negação ajusta-se muito bem ao fato de que, na análise, jamais descobrimos um "não" no inconsciente e que o reconhecimento do inconsciente por parte do *ego* se exprime numa fórmula negativa. Não há prova mais contundente de que fomos bem-sucedidos em nosso esforço de revelar o inconsciente, do que o momento em que o paciente reage a ela com as palavras "Não pensei nisso" ou "Nunca cheguei a pensar nisso". (Freud, 1976c, p. 300)

Freud fecha o artigo de 1925 repetindo suas próprias palavras, escritas na nota de rodapé de 1923 no caso Dora.

Há referências a esse aspecto do negativo ao longo da obra de Freud em várias outras notas de rodapé e na Conferência XIX, Resistência e repressão:

[...] o fato de um processo psíquico ser consciente ou inconsciente é apenas um de seus atributos e não necessariamente um atributo isento de ambiguidade. Se um processo desse tipo permaneceu inconsciente, o fato de ser ele mantido afastado da consciência talvez possa ser apenas uma indicação de alguma vicissitude por que passou, e não a vicissitude mesma. A fim de formar uma imagem dessa vicissitude, suponhamos que todo processo mental [...] exista, inicialmente, em um estádio ou fase inconsciente, e que é somente dali que o processo se transforma para a fase consciente, da mesma forma como uma imagem fotográfica começa como negativo e só se torna fotografia após haver-se transformado em positivo. Nem todo negativo transforma-se, contudo, necessariamente em positivo; e não é necessário que todo processo mental inconsciente venha a se tornar consciente. Isto pode ser vantajosamente expresso com dizermos que um processo isoladamente pertence no início, ao sistema do inconsciente, podendo, depois, em determinadas circunstâncias, passar ao sistema consciente. (Freud, 1976b, p. 347)

O negativo, portanto, seria uma "fase" do processo ainda inconsciente, que poderá, ou não, se tornar consciente. Aproveitando a analogia, o negativo é o "blasto" do "leucócito" positivo, a célula imatura daquele que, após amadurecer, se transformará naquele. Essa ambiguidade presente nos processos consciente/inconsciente tem uma relação com outras duplas de estados opostos, como o ser e o fazer, o ativo e o passivo, que aparecem na obra de Winnicott.

Winnicott (1975) escreveu que o bebê aprende a "ser" quando é alimentado pelo seio, e aprende a "fazer" quando se alimenta do seio.

Comparemos e contrastemos os elementos masculino e feminino não mesclados no contexto da relação de objeto.
Desejo dizer que o elemento que estou chamando de "masculino" transita em termos de um relacionamento ativo ou passivo, cada um deles apoiado pelo instinto. É no desenvolvimento com o seio e com o amamentar, e, subsequentemente, em relação a todas as experiências que envolvem as principais zonas erógenas, e a impulsos e satisfações subsidiárias. Em contraste, o elemento feminino puro relaciona-se com o seio (ou com a mãe) no sentido de o bebê tornar-se o seio (ou a mãe), no sentido de que o objeto é o sujeito. Não consigo ver impulso instintivo nisso. [...] O estudo

do elemento feminino, puro, destilado e não contaminado, nos conduz ao SER, e constitui a única base para a autodescoberta e para o sentimento de existir (e, depois, à capacidade de desenvolver um interior, de ser um continente, de ter a capacidade de utilizar os mecanismos de projeção e introjeção com o mundo em termos de introjeção e da projeção). (p. 117)

Este foi um dos momentos na teoria de Winnicott em que ele abordou a questão do negativo: ativo e passivo acontecem, para o bebê, ao se relacionar com o seio e ao experimentar os dois modos de experiência: o ser (passivo) e o fazer (ativo). Ou ainda: o dar e o receber. Ou o esperar e o buscar, e assim infinitamente.

Em seu artigo "A intuição do negativo em o brincar e a realidade", André Green (2003) relata que havia feito um trabalho de delimitação do conceito de negativo na obra de Winnicott e que havia sido contestado por Masud Khan durante uma conferência em 1976. Khan havia dito na ocasião que a ideia de negativo não estava presente na obra de Winnicott e que era uma criação de André Green.

André Green discorda e vem daí a elaboração do artigo, no qual ele demonstra na descrição e reflexão de alguns casos clínicos de Winnicott, a ideia de negativo sendo claramente elaborada, ainda que não recebendo essa denominação.

Para Green (2003), o conceito de objeto transicional tem muita importância psicanaliticamente falando, não só por se constituir um objeto substituto da mãe, um processo "ativo", portanto, mas também (e igualmente) importante, por se constituir um objeto que *não* é a mãe. Ou seja, da mesma forma que o jarro taoísta descrito por Lao Tze, que tem sua maior virtude no fato de ser vazio internamente, a característica mais importante do objeto transicional — o que o faz transicional — é o fato de ele *não* ser a mãe.

Por exemplo, definir o objeto transicional como uma "possessão do não eu" propõe um ângulo ao conceito de objeto diferente de suas conotações positivas usuais, quer como um objeto de satisfação de uma necessidade, como um objeto do desejo ou como um objeto fantasiado. O objeto é aqui definido como um negativo do "eu", o que tem implicações em relação à onipotência. Distinguir entre o primeiro objeto e a primeira "possessão do não eu", como Winnicott faz, amplia nossa reflexão, especialmente se o localizarmos em uma área intermediária entre duas partes de dois corpos, boca e seio, que criará um terceiro objeto entre eles, não somente no espaço real que os separa, mas no espaço potencial de seu encontro após sua separação. **Este também é outro significado do negativo, por implicar a ideia de algo que não está presente.** (Green, 2003, p. 71, grifo meu)

A frase de André Green nos serve como uma luva para compreendermos o processo de Ares, pois há em sua história algo que não está presente, que escapa, que se mostra evidente pela ausência: é sua própria implicação na herança, no pertencimento familiar, em sua própria história.

Se pensarmos na questão da herança, como Tatiana Mazzarella apresentou em seu trabalho sobre o fazer-se herdeiro, havia na história de Ares um negativo muito evidente, que era ele mesmo "em negativo", engolfado por uma herança de tal forma impactante e dominante da cena principal, que não lhe possibilitou o trabalho de apropriação necessário, trabalho que pudesse constituí-lo sujeito da própria história e proprietário da própria herança, "no positivo".

Era como se o botão "passivo" estivesse emperrado, fixando-o a um lugar que o impossibilitava o livre trânsito no trajeto de se constituir autor da própria história.

Mas por que foi assim?

Partindo da concepção do desenvolvimento normal, a obra de Winnicott vai aos poucos se concentrando na concepção do negativo. Até este momento o negativo aparece como uma qualidade inerente ao psiquismo: ser e não ser o seio, o eu e o não eu. Winnicott passa então a descrever algumas questões patológicas relacionadas ao negativo e ao conceito de objeto interno em Melanie Klein (1948):

> Winnicott (1975), em *O brincar e a realidade*:
>
> É interessante comparar o conceito de objeto transicional com o conceito de objeto interno, de Melanie Klein (1934). O objeto transicional não é um objeto interno (que é um conceito mental) — é uma possessão. Tampouco é (para o bebê) um objeto externo. O seguinte e complexo enunciado tem de ser efetuado. O bebê pode usar um objeto transicional quando o objeto interno está vivo, e é real e suficientemente bom (não muito persecutório). Mas esse objeto interno depende, quanto a suas qualidades, da existência, vitalidade e comportamento do objeto externo. **O fracasso deste em alguma função essencial leva indiretamente à morte, ou a uma qualidade persecutória do objeto.** Após a persistência da inadequação do objeto externo, o objeto interno deixa de ter sentido para o bebê, e então — e somente então — o objeto transicional pode, portanto, representar o seio "externo", mas indiretamente, por ser representante de um seio "interno". O objeto transicional jamais está sob controle mágico, como o objeto interno, nem tampouco fora de controle, como a mãe real. [...] O que surge dessas considerações é a ideia adicional de que o paradoxo aceito pode ter um valor positivo. A solução do paradoxo conduz a uma organização de defesa que, no adulto, pode encontrar-se como verdadeira e falsa organização do eu (*self*). (p. 24, grifo meu)

Atendo-nos à associação que Winnicott faz à obra de Melanie Klein, lembremos mais uma vez o sonho da caveira que Ares teve quando tinha 8 anos de idade, alusão a um objeto interno mau e claramente persecutório. O sonho nos leva a concluir que Ares não pôde viver a constituição de um objeto transicional, uma vez que, segundo Winnicott, para que isso possa acontecer, o bebê precisa de um objeto interno suficientemente bom, vivo e real, que se apoie num objeto externo suficientemente bom, vivo e real.

Podemos inferir, com este sonho, que Ares não contava com um objeto interno bom, mas sim com um objeto interno francamente persecutório e aterrorizante.

André Green (2003) localiza o conceito de negativo em dois casos clínicos de Winnicott, também apresentados em *O brincar e a realidade*: o caso do cordão e o caso de uma paciente, que perdeu o contato com os pais aos onze anos, por ocasião da guerra, que já citamos anteriormente e retomamos agora:

> [...] o belo, comovente e finalmente trágico exemplo do cordão [...]. A onipresença do cordão nas brincadeiras da criança — no jogo de rabiscos com Winnicott — levou-o a uma conclusão sobre o seu pequeno paciente, que comunicou à mãe. "Expliquei à mãe que o menino estava lidando com o temor de separação, tentando negá-la através do uso de cordões, tal como, através do uso do telefone, se negaria a separação de um amigo" [...]. Essa foi uma explicação que a mãe achou ridícula, mas que pôde, depois de refletir melhor a respeito, fazer uso. O cordão era uma materialização positiva de um vínculo ausente, negativo. (p. 73)

O gesto do menino, que atuava no real a tentativa de se manter unido à mãe depois de viver períodos penosos de separação, é um retrato fiel do aspecto simbólico do Isso: ao amarrar, atar, dar nós, passar cordões, fitas, fios, o que o menino expressava era o desejo de romper a distância e "atar-se" à uma mãe que poderia sumir a qualquer momento, ou que, ainda pior, era uma mãe que, embora estando presente, estava fora do alcance.

199

Em uma nota acrescentada em 1969, Winnicott confessa com tristeza, uma década depois de o caso ter sido relatado pela primeira vez, que o menino não podia ser curado de sua doença. A negação de seu medo de separação não estava ligada apenas à ausência de sua mãe enquanto ela esteve hospitalizada, mas também, e mais do que isso, à falta de contato com ela quando ela estava fisicamente presente. (Green, 2003, p. 73)

O segundo caso apresentado por Winnicott é o de uma paciente que durante toda a sua vida fora aterrorizada pelo medo de perder animais, seus próprios filhos, suas posses, e que formulou esse medo na seguinte frase: "Tudo o que consegui é aquilo que não consegui". Ao que Winnicott comentou: "O negativo é o único positivo".

Todas essas ideias em torno do conceito do negativo, elaboradas por Freud, Winnicott e Green retratam muito fielmente a vivência de Ares e seu processo de adoecimento. Podemos até mesmo, seguindo as palavras de Freud, tomar toda a sua situação de vida e tentarmos ver no plano de fundo, como numa fotografia, o positivo de seu negativo: Ares disse sem dizer, agiu por supressão.

André Green encerra seu artigo sobre o negativo ("A intuição do negativo em o brincar e a realidade") com uma imagem também em negativo, de um gesto antigo como a história da humanidade, que nos chega como um recado atávico à espécie humana, de que o homem sempre teve de se confrontar com o negativo em suas ações positivas e vice-versa:

> Retornemos um pouco à representação pré-histórica. Isto não é especulação, como no caso da primitiva relação mãe-bebê, sobre o que, na verdade, sabemos muito pouco. Aqui nós temos evidências. O homem pré-histórico fez todo tipo de desenhos em suas cavernas: pinturas com os dedos, representações de mulheres

com seios fartos, animais selvagens, mamutes, rinocerontes, leões etc. Mas em algumas partes dos tetos das cavernas havia outras representações: o que historiadores chamam de mãos negativas. Para representar as mãos, o homem pré-histórico usou dois artifícios. O mais simples era colocar tinta na mão e deixar uma impressão na parede, deixando um traço direto dela. O segundo era mais indireto e sofisticado. Aqui a mão que desenha não desenha a si mesma. Em vez disso, a colocava na parede das cavernas, espalhando as cores à sua volta. Então, a mão se separa da parede e uma mão não desenhada aparece. Esse poderia ser o resultado da separação física do corpo da mãe.

O homem pré-histórico não esperou por nós para saber o que significa o negativo. (Green, 2003, p. 86)

Ao devolver aos pais tudo o que pertencia a eles, inclusive sua vida (à qual não pôde se apropriar em seus 46 anos de vida), Ares coloriu os espaços em redor de sua mão. E ao devolver sua vida a seus pais, firmou sua própria história, restituiu uma autoria que nunca pôde assumir no positivo.

Negando a própria defesa, implodiu seu órgão destinado a protegê-lo, e com isso disse não a tudo o que lhe havia sido imposto por um ambiente deletério. Exerceu, também em negativo, a agressividade que nunca pôde manifestar: ao atacar a si próprio, atacou os laços de sangue, os pais, a herança e a família. O gozo ligado a isso ficou evidente quando Ares diz que havia pensado com prazer na possibilidade de morrer, no quanto sua mãe ficaria triste com isso.

Ares marcou seu território por supressão e, paradoxalmente, ao retirar-se da vida, sublinhou-a como própria. Ainda que não tenha tido escolha na forma de viver — já que não foi capaz de se apropriar da vida que lhe foi dada — foi capaz de escolher a forma de morrer. Escolheu como forma de se retirar da vida a leucemia, uma doença análoga a seu trajeto existencial, a doença branca, esta que nem cor é, mas que tem em si todas as outras cores. E que, ainda assim, parece tão inexpressiva.

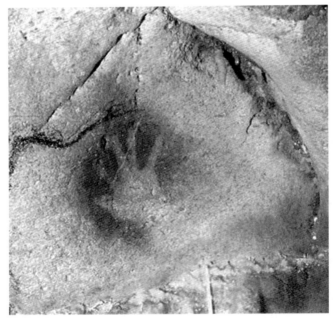

Pintura rupestre de uma mão em negativo, encontrada por espeleólogos em 1994 na gruta de Chauvet, sul da França. Está entre as pinturas rupestres mais antigas de que se tem notícia: 32.000 anos.

VI

CONSIDERAÇÕES FINAIS

O título deste trabalho pode então ser retomado, agora que chegamos perto de concluir nosso trajeto, que passou por considerações psicanalíticas de vários autores sobre o sentido do adoecimento e da morte na história de vida de Ares. Todas as cores do espectro estão presentes na luz branca. O branco não é uma cor, mas a reunião de todas as outras cores. Se incidirmos um feixe de luz branca sobre um prisma, o que teremos será a sua decomposição em todas as cores, que serão projetadas do outro lado do prisma, como um arco-íris.

De maneira análoga, a leucemia — esta doença traiçoeira que se manifesta por meio de sintomas aparentemente diáfanos e fugidios, como desmaios e fraquezas extremas — esconde em si a violência destrutiva de um terremoto subterrâneo. Por baixo da superfície tênue e silenciosa de sua manifestação branca, uma verdadeira hecatombe mina as bases do organismo, até que a pessoa sucumbe indefesa, sob uma implosão celular descomunal.

Groddeck defende a ideia de indissolubilidade do organismo humano, que é ao mesmo tempo psíquico e físico, e que, através do organismo, o Isso pode se manifestar tanto física quanto psiquicamente. Na leucemia, exatamente a mesma coisa se passa no nível emocional e somático: o leucêmico demonstra calma, quase resignação, uma brancura passiva, quando subjetivamente sofre a revolução terrível de uma implosão pulsional, que se manteve secreta durante muito tempo.

Como no prisma sob o feixe de luz branca, toda a exuberância colorida e multifacetada das pulsões — ódio, pavor, desespero, raiva, amor, pânico, revolta, ternura, aniquilamento — aparecem em negativo, na forma de uma ausência de expressão, ausência de *pathos*, ausência branca de leucócitos, ausência de plaquetas, deixando o rosto do doente inexpressivo, com a aparência diáfana de um fantasma.

Na leucemia, as emoções correm por baixo, ricocheteiam, urdem, gritam, minam, batem, destroem, mas permanecem sempre ocultas, sob um único feixe de sintomas brancos, fantasmagóricos: a violência da destrutividade mortífera e insidiosa, disfarçada sob o véu lânguido da ausência de emoções.

Com o adoecimento, Ares disse "não" a tudo aquilo ao qual não pôde dizer no positivo. Por não ter sido capaz de se constituir proprietário de si mesmo, herdeiro de sua própria subjetividade, num gesto desesperado disse sim a si próprio por meio do negativo: expressou o próprio desejo devolvendo a última coisa à qual também lhe havia sido negado o direito: a própria vida. Paradoxalmente, foi ao morrer que afirmou sua própria existência.

Como a paciente de Winnicott, Ares também poderia ter dito: "tudo o que consegui, foi aquilo que não consegui".

O único caminho que lhe restou foi constituir-se sujeito destituindo-se. Apartando-se da amálgama com a família, abrindo mão de ser um deles e de prosseguir como o devedor de uma dívida que ele era incapaz de pagar — e que continuava sendo cobrada *ad infinitum* —, Ares decidiu romper, ainda que em algum nível "soubesse" da falha estrutural. Preferiu dizer não, ainda que não contasse com as condições necessárias de sobrevivência emocional. Ao forçar uma autonomia, obteve um arrancamento:

Considerações finais

cortou o cordão umbilical mórbido, mas ao fazê-lo, cortou sua única fonte de sobrevivência.

Três questões se apresentam como possíveis sentidos para o adoecimento de Ares, questões que ficam sem resposta, ou que talvez não peçam uma resposta, mas que sejam apenas uma abertura para reflexão.

Primeira: Teria Ares vivido uma série de tentativas de diferenciação ao longo de sua vida, tentativas desesperadas de se afastar dos dogmas familiares e de "fundar" seu próprio reino, sob suas próprias leis, saindo da cidade natal muito cedo para estudar na capital, casando-se com uma "estrangeira" e constituindo uma nova família em bases absolutamente diversas das de sua família de origem, tornando-se autônomo e independente financeiramente do dinheiro da família, exercendo suas atividades literárias etc.? Mas, como uma série de tentativas frustradas, não conseguiu nada, ainda que tivesse insistido muito e com muito empenho, lograr êxito em qualquer uma delas: embora distanciado da família de origem, nunca conseguiu romper emocionalmente com suas regras. Embora tenha escrito os livros que planejava escrever, acovardou-se diante das recriminações do pai. Apesar de ter tentado encontrar fonte de renda e um trabalho satisfatório na cidade grande, pediu arrego ao pai quando viu que não era capaz de fazê-lo sozinho.

Em suma, se visto por este ângulo, a provocação feita pelo pai, ao humilhá-lo contando sobre a venda da fazenda da irmã e sobre seu enriquecimento (acrescido da posterior carta-cobrança enviada por sua mãe) seriam as últimas das inúmeras tentativas frustradas vividas anteriormente, tentativas de libertação e de diferenciação.

Se foi assim, sua morte foi uma desistência, um esgotamento de sua fonte de energia diante de um ambiente e de um destino hostis, que lhe negaram sustentação necessária para a

205

realização de seu plano: transformar sua herança em algo diferente de uma mãe caveira, que aprisiona e mata.

Segunda: A notícia dada por seu pai e a posterior carta-cobrança escrita por sua mãe seriam a revivência do trauma original, ou seja, a realização da catástrofe prenunciada nos primórdios de sua vida afetiva, quando teve de enfrentar a dor e sofrimento causados pela falta de uma mãe suficientemente boa que lhe possibilitasse viver o processo de alteridade? Tendo uma deficiência estrutural resultante dos sofrimentos e da violência experimentados nos momentos precoces da vida, cresceu com um aparelho psíquico incapaz de conter grandes diferenças de potencial, cargas emocionais muito intensas, que foi exatamente o que seu pai estimulou em Ares ao lhe dar a notícia da venda da fazenda da irmã. A revivência do trauma mobilizou pulsões de tal magnitude — nas palavras do próprio Ares: raiva, revolta, tristeza —, que puseram o aparelho psíquico em risco, causando um "curto-circuito" emocional, uma "pane no sistema", manifestados com o adoecimento, o "vazamento" da pulsão pura sobre o soma e a subsequente morte.

Terceira: Embora ambivalentes e inseguras, as escolhas de Ares sempre apontaram na direção do novo e do rompimento com a herança mortífera.

Escolheu abandonar o lugar de origem, ainda que sem as bases emocionais necessárias para enfrentar um começo em outro lugar. Escolheu casar-se com uma "estrangeira", alguém estranho aos códigos familiares e muito mais próxima dos mundos "literário" e "artístico", que sempre o atraíram. Escolheu viver com o sustento ganho por seu próprio trabalho, parcialmente independente da família de origem e de seus "donativos" persuasivos.

Embora seu adoecimento e morte possam ser vistos como uma desistência e uma subordinação ao *status quo* de sua família,

Considerações finais

uma verdadeira transformação ocorreu: a corrente familiar e hereditária teve um elo que se rompeu. Algo que se reeditava a cada nova geração, a partir de Ares não se reeditou mais. Seus filhos não conheceram a fazenda de seu avô, nem a de seu pai e nem a sua. Não cresceram sob as regras familiares tradicionais que determinaram sua vida antes mesmo dele nascer. Sua viúva não tem nada de semelhante a nenhuma mulher de sua família e, depois de sua morte, direcionou a educação de seus filhos num sentido completamente distinto àquele que norteou sua própria criação.

Em suma, ainda que tenha feito escolhas ambivalentes e que não tenha logrado êxito na transformação revolucionária que Júpiter perpetrou no Olimpo, (destronando um pai castrador e uma tradição despóticas em nome de um cosmo civilizatório), Ares transformou a história com sua morte: vista macrocosmicamente, a narrativa de sua vida é a de alguém que gerou uma revolução completa. Sua herança, vinda de geração em geração até chegar a suas mãos, mudou radicalmente de rumo. Ao representar o elo roto da corrente, Ares mudou o curso da história, impedindo que uma repetição mortífera se perpetuasse.

Hoje, seus filhos são seus herdeiros. E pode-se dizer que, ironicamente, com sua doença e morte Ares atualizou os sentidos, deixando a seus herdeiros uma herança completamente diferente daquela que recebeu dos pais. O que nos leva a concluir que ele não sucumbiu à guerra de sabotagem de sentidos, nem ao massacre da introjeção extrativa, mas que conseguiu recuperar a dimensão criativa e o valor da subjetividade para a próxima geração, depois da sua.

Ainda que isso tenha lhe custado a vida.

"Navegar é preciso, viver não é preciso..."

VII

REFERÊNCIAS BIBLIOGRÁFICAS

ARISTÓTELES. *Arte poética*. Texto integral. São Paulo: Martin Claret, 2004.

BARTHES, R. Introdução à análise estrututal da narrativa. In: *Análise estrutural da narrativa*. Petrópolis: Vozes, 1976.

BENJAMIN, W. Magia e técnica, arte e política. In: *Obras escolhidas*. v. 1. São Paulo: Brasiliense, 1985.

BION, W. R. *Dois trabalhos, a grade e a cesura*. São Paulo: Revista Brasileira de Psicanálise: n. 15, 1981.

BION, W. R. *Cogitations*. Londres: Karnac Books, 1992.

BOLLAS, C. (1987) *A sombra do objeto*: Psicanálise do conhecido não-pensado. Rio de Janeiro: Imago, 1992.

CALLIGARIS, C. A sedução totalitária. In: ARAGÃO, L. T. de et al. *Clínica do social*: ensaios. São Paulo: Escuta, 1991.

DEJOURS, C. *A loucura do trabalho*: Estudo de psicopatologia do trabalho. São Paulo: Cortez/Oboré, 1988.

ENDE, M. *A história sem fim*. São Paulo: Martins Fontes, 1997.

FERRAZ, F. C. *Normopatia*. São Paulo: Casa do Psicólogo, 2002.

FERRO, A. *A psicanálise como literatura e terapia*. Rio de Janeiro: Imago, 2000.

FREUD, S. Fragmentos de um caso de histeria. In: *Obras completas*. Rio de Janeiro: Imago, 1976a. v. VII.

FREUD, S. *Obras completas*. Rio de Janeiro: Imago, 1976b. v. XVI.

FREUD, S. *Obras completas*. Rio de Janeiro: Imago, 1976c. Vol. XIX.

FREUD, S. (1911) *Edição Standard Brasileira das Obras Psicológicas Completas*. Rio de Janeiro: Imago, 1980. v. XII.

FRIEDRICKSON, S.; ANDERSEN, H. C. *Das Leben ist das schönste Märchen, denn darin kommen wir selber vor*. Weinheim: Beltz & Gelberg, 2005.

GOMES, P. B. *O método terapêutico de Scheerazade* — Mil e uma histórias de loucura, de desejo e cura. São Paulo: Iluminuras, 2000.

GREEN, A. *Conferências brasileiras de André Green* — metapsicologia dos limites. Rio de Janeiro: Imago, 1990.

_____. *André Green e a Fundação Squiggle*. São Paulo: Roca, 2003.

GRODDECK, G. *O livro dIsso*. São Paulo: Perspectiva, 2004.

_____. *Estudos psicanalíticos sobre psicossomática*. São Paulo: Perspectiva, 1992.

GUYTON, A. C.; HALL, J. E. Potenciais de membrana e potenciais de ação. In: *Tratado de fisiologia médica*. Rio de Janeiro: Guanabara Koogan, 2002.

HUNTLEY, H. E. *A divina proporção* – Um ensaio sobre a beleza na matemática. Brasília: Editora Universidade de Brasília, 1985.

WILHELM, R. (trad.) *I ching* — Translated into English. London: Routledge & Kegan Paul, 1978.

KAËS, R. et al. *Transmissão da vida psíquica entre gerações*. São Paulo: Casa do Psicólogo, 2001.

KEATS, J. *The complete poems*. London: Editor John Barnard, 1973.

KLEIN, M. A contribution to the psychogenesis of maniac-depressive states. In: *Contributions to psycho-analysis 1921-1945*. Londres: Hogarth Press e Instituto de Psicanálise, 1948.

LACAN, J. A significação do falo. In: *Escritos*, Rio de Janeiro: Jorge Zahar, 1998.

LANGER, S. K. *Filosofia em nova chave*. São Paulo: Perspectiva, 1971.

LAPLANCHE, J.; PONTALIS, J. B. *Vocabulário da psicanálise*. São Paulo: Martins Fontes, 1986.

LÉVI-STRAUSS, C. *O pensamento selvagem*. Campinas: Papirus, 1989.

MARTY, P. *A psicossomática do adulto*. Porto Alegre: Artes Médicas, 1993.

MARTY, P.; M'UZAN, M. O pensamento operatório. *Revista Brasileira Psicanálise*, v. 28, n. 1. p. 165-74, 1994.

MAZZARELLA, T. I. *Fazer-se herdeiro, a transmissão psíquica entre gerações*. São Paulo: Escuta, 2006.

MEUNIER, M. *A legenda dourada*. São Paulo: Instituto brasileiro de difusão cultural, 1961.

McDOUGALL, J. *Em defesa de uma certa anormalidade*. Porto Alegre: Artes Médicas Sul, 1983.

_____. *Teatros do corpo* — o psicossoma em psicanálise. São Paulo: Martins Fontes, 2000.

ODENT, M. (2000) *A cientificação do amor*. Florianópolis: Saint German, 2002.

_____. *A cesariana*. Florianópolis: Saint German, 2003a.

_____. The foetus ejection reflex. In: *Birth and breastfeeding — rediscovering the needs of women during pregnancy and childbirth*. Sussex: Clirview Books, 2003b.

_____. Água e sexualidade. Florianópolis: Saint German, 2004.

PRADO, A. Poesia reunida. 10ª ed. São Paulo: Siciliano, 2001.

PLOTINO. Tratado das Enéadas. São Paulo: Polar Editorial, 2002.

RIMBAUD, A. Poesia completa. Rio de Janeiro: Editora Topbooks, 1994.

RUKEYSER, M. The speed of darkness (poems). Nova York: Random House, 1968.

SAFRA, G. Desvelando a memória do humano: o brincar, o narrar, o corpo, o sagrado, o silêncio. São Paulo: Edições Sobornost, 2006.

SAMI-ALI. Pensar o somático: imaginário e patologia. São Paulo: Casa do Psicólogo, 1995.

SCHILLER, P. As psicossomáticas. In: Psicossoma III. São Paulo: Casa do Psicólogo, 2003.

SCHWAB, G. As mais belas histórias da antiguidade clássica. Rio de Janeiro: Paz e Terra, 1994.

WEIL, S. The need for roots. Londres-Nova York: Routledge-Keagan Paul, 1978.

WINNICOTT, D. W. (1960) Ego distortion in terms of true and false self in maturational processes and the facilitating environment. Londres: Hogarth Press e Instituto de psicanálise, 1965.

_____. (1971) O brincar e a realidade. Rio de Janeiro: Imago Editora, 1975.

_____. (1979) O ambiente e os processos de maturação. Porto Alegre: Artemed, 1983.

_____. (1989) Explorações psicanalíticas. Porto Alegre: Artes Médicas, 1994.

Impresso por :

gráfica e editora
Tel.:11 2769-9056